생각
레가토

직장생활 행복매뉴얼

생각

직장생활 행복매뉴얼

생각 레가토

이재명 지음

이담 Books

PROLOGUE

학창시절의 객관식 시험은 제시된 항목 중 하나만 선택하는 방식이었다. 선택한 답이 틀리더라도 제시된 항목 중에는 반드시 답이 있었다. 세상을 살아가면서 여러 문제에 부딪쳐 고민하게 된다. 그런데 아무리 들여다보고 생각해봐도 딱 들어맞는 정답을 찾기가 쉬운 일이 아니다. 어떠한 선택을 하든지 선택에 따른 장단점이 있을 뿐이다.

사회생활이란 조직의 구성원으로서 동료들과 함께 어울려 일하는 것이다. 사회생활에서 가장 어려운 점은 주어진 일보다도 자신이 속한 조직이나 부서에서 의사를 표현하는 것과 소통(communication)의 단절이다. 조직의 구성원으로 갈등이나 어려움을 겪는 문제들도 따지고 보면 아주 사소한 일임에도 해결을 위한 정답을 찾아내기가 쉬운 일이 아니다.

치열한 경쟁과 시대의 변화는 조직생활을 더 복잡하고 어렵게 만든다. 그러한 문제들은 정답도 없을뿐더러 누가 해결해줄 수 있는 것도 아니다. 스스로 답을 구하고 스스로 헤쳐 나가야 할 일이다.

필자 또한 20여 년 전 현재의 직장에 입사하여 지금까지 직장생활을 해오고 있다. 그동안 맡았던 홍보업무와 봉사단 활동으로 인해 사내외뿐만 아니라 다양한 계층의 사람들을 만날 수 있는 기회였다. 특히 홍보활동과 봉사활동을 진행하면서 만났던 직원과 외부 관련기관도 같은 문제로 고민하고 있었다. 이러한 고민들을 나누면서 기회가 되면 책으로 낼 욕심으로 정리하는 계기가 되었다. 통신회사에 근무하는 까닭으로 자연스럽게 접하게 된 스마트폰과 태블릿PC 등 IT기기가 큰 도움이 되었다. 메모와 떠오르는 생각을 놓치지 않고 음성메모로 저장해 두었다가 정리하여 책으로 만들게 되었다.

직장생활을 하면서 훌륭한 직장상사를 모실 수 있었던 것은 행운이었다. 함께 생활하면서 훌륭한 리더의 모습을 직접 보여 주었던 KT M&S 정두수 사장님, 한영덕 지사장님, 그리고 20여 년 전 입사 때부터 지금까지 어려운 일이 생길 때마다 함께 고민하며 '생각이 있는 곳에 길이 있다'는 이야기로 늘 격려해주시던 멘토 박두남 전 지사장님의 말씀도 중간마다 인용했음을 밝힌다.

이 책이 만들어지기까지 아이디어에서 내용에 많은 의견을 나누고 도움을 주었던 김현주 님, 계기남 님, 그리고 KT 커뮤니케이션실의 언론과 홍보업무에 노고를 아끼지 않는 김철기 상무님, 오태성, 성원제 팀장님을 비롯하여 스태프에게 감사드린다. 마지막으로 책의 출판을 기꺼이 허락한 출판사 이담북스에 감사드린다.

2013년 5월
이재명

C·O·N·T·E·N·T·S

PART 1
스스로를 높이는 생각

긍정과 부정
생각의 기다림
플러스알파

"

긍정과 부정

긍정의 힘은 위대하다.
긍정의 사고는 가능성을 높여 주고,
목표에 도달하게 만들어 주는 위대한 마법을 지니고 있다.
주변 사람들에게 긍정의 힘을 북돋워 주는 리액션을 보내자.
긍정의 첫걸음은 리액션이다.

"

긍정의 첫걸음, 리액션

여러 사람과 대화를 나누다 보면 유난히 기분이 좋아지는 상대가 있다. 이야기를 잘 들어주고 동의를 해주고, 격려해 주기 때문이다. 자신의 말에 긍정의 리액션을 보여 주는 사람을 싫어하는 사람은 없다. 상대방도 마찬가지이다.

긍정의 힘은 위대하다. 긍정의 사고는 가능성을 높여 주고, 목표에 도달하게 만들어주는 위대한 마법을 지니고 있다.

주변 사람들에게 긍정의 힘을 북돋워 주는 리액션을 보내자. 긍정의 첫걸음은 리액션이다.

긍정의 리액션은 상대의 무한한 가능성을 이끌어내는 도구이다.

긍정적인 척

다른 사람이 하면 싫어하는 '척'이 있다. 잘난 척, 있는 척, 예쁜 척, 힘든 척이다. 긍정적인 거짓말이 있듯이 꼭 필요한 '척'도 있다. 활기찬 척, 즐거운 척, 기쁜 척이다.

사람의 뇌는 억지로 웃어도 엔도르핀이 분비된다고 한다. 힘들고 어려운 때일수록 활기찬 척, 즐거운 척, 기쁜 척, 행복한 척을 해보자. 지금 당장 상황이 바뀌지 않더라도 마음가짐은 충분히 달라질 수 있다.

긍정에 한발을 내딛는 것은 마음가짐이다.

마음의 감기

마음도 신체와 같이 병에 취약하다. 면역력이 약해지면 감기에 걸리듯 마음도 무기력이라는 병을 앓기 마련이다. 바로 마음의 감기이다.

몸이 아프면 바로 치료받을 수 있지만, 마음의 감기에 걸리면 어지간해서는 주변에 털어놓지 못하고 숨기게 된다. 몸의 면역력을 기르기 위해 운동이 필요하듯 마음의 면역력에는 격려와 자신감, 그리고 칭찬이 특효약이다. 마음의 감기 예방을 위해 주위 사람들에게 칭찬과 격려라는 항생물질을 아낌없이 듬뿍 담아 건네자.

마음은 칭찬과 격려로 살아가는 심약한 존재이다.

현실의 인정

항상 좋은 일만 일어나지 않는다. 생각지도 않았던 일로 어려움이 계속되면 화도 나고 마음도 괴롭다. 그렇다고 부정해봐야 어쩔 수 없는 현실이다.

지금 당장 해결할 수 없다면 현실을 부정하지 말고 있는 그대로 받아들여라. 있는 그대로의 현실이란 지금 당장 받아들이기 어렵지만 지금부터 자신이 책임지고 감수해야 할 사항이다. 마음은 아프지만 비로소 부정하던 고통으로부터 벗어날 수 있다.

현실의 인정이란 것은 결코 실패가 아니다. 현재의 어려움을 딛고 다시 일어서겠다는 의지이다.

어려운 상황에 처했을 때 부정이 아닌 현실의 인정은 다시 일어서게 만든다.

융통성의 범위

부탁을 하는 입장에서 상대방의 '융통성'을 지적하는 것을 종종 보게 된다. 일의 결과가 자신의 마음에 들지 않을 때 상대방을 '융통성 없는 사람'으로 몰아붙인다. 그런 사람들이 말하는 '융통성'이란 자신을 위해 어느 정도의 불법과 부정은 괜찮다는 의미인지 고개를 갸우뚱하게 만든다.

'융통성'이란 일을 하거나 생활을 하는 데 있어 꼭 필요하다. 원칙을 지키면서 효율과 편의를 위해 순서와 위치만을 바꿔 절대 전체에 나쁜 영향을 끼치지 않는 것이 융통성이다.

원칙을 벗어난 융통성은 부정이다.

불신의 경계선

모르면서 아는 체하는 경우가 있는 반면 정작 알고도 모른 체하는 경우도 있다.

모르면서 아는 체하는 것은 그 자리에서 바로 들통 나지 않아도 연속해서 그런 상황에서 벗어나기 어렵다. 어쩌다 한 번 통하는 일이다. 이와 반대로 상대의 실수를 알고도 모른 체하는 이들도 있다. 눈감아주는 것이다. 하지만 앞으로도 계속 눈감아주리라는 보장은 없다. 지금 당장 큰 문제가 생기지 않는다 해도 어느 경우이든 잠시 두고 볼 뿐, 이 또한 불신의 경계선에 서 있는 것이다.

불신은 다른 사람의 탓이 아닌 바로 나 자신으로 인한 불찰이다.

다른 시각

'자살'은 말 그대로 극단적인 선택이다. 하지만 '자살'이란 낱말을 거꾸로 읽으면 '살자'가 된다. 극단적인 표현에서 긍정적인 의미로 바뀐다.

영어에서 '악'을 뜻하는 Evil의 스펠링을 거꾸로 하면 '살다'의 뜻을 가진 Live가 된다. 부정의 부정은 긍정이 된다. 긍정은 부정의 틀에서 다른 시각으로 접근할 때 싹튼다.

거꾸로 바라보라!

뒤집어보라!

다른 시각으로 바라보라!

부정을 긍정으로 만드는 창의적인 역발상이란 거꾸로 생각하는 방식이다.

영원한 패자

승자가 모든 것을 독식하는 시대이다. 1등이 아니면 관심의 범주에조차 들지 못하는 게 경쟁사회의 냉엄한 현실이다. 그럼에도 여전히 승자를 잠재적으로 위협하는 강력한 경쟁자는 1등을 제외한 존재들이다.

영원한 1등, 영원한 승자란 없다. 영원한 1등이 없기에 어느 누구라도 승자에 오를 가능성이 열려 있는 것이다. 오늘 비록 승자가 되지 못하더라도 정상의 자리에 도전하는 그들이 승리를 포기하지 않는 한 영원한 패자도 없다.

패자는 없다. 단지 포기하고 도전하지 않을 뿐이다.

마음의 창

사진은 세상을 보는 창이다. 촬영자가 피사체에 대하여 어느 만큼의 이해를 가지고 있느냐에 따라 작품성이 있는 훌륭한 사진을 얻는다.

사진은 마음의 창이다. 뷰파인더를 통해 보이는 피사체에 셔터를 누르는 이의 마음이 담겨 있다. 따사한 마음을 가진 촬영자는 인화지에 따사로운 정을 가득 담아낸다. 좋은 사진을 얻는 방법은 촬영 기술이 아니다. 세상에 대한 안목과 이해에 따라 눈으로 볼 수 없었던 아름다운 순간을 만날 수 있다.

일의 추진과 결과 또한 세상을 어떠한 마음으로 들여다보고, 얼마만큼의 애정을 쏟았는지 한눈에 드러난다.

세상을 바라보는 마음은 말과 행동, 그리고 일처리에도 드러난다.

삶의 자세

어떠한 계기로 인해 예전과 다른 사람으로 변모하여 180도 다른 인생을 살아가는 이들이 있다.

어려움과 죽을 고비를 넘긴 사람들은 "이제부터라도 덤으로 주어진 제2의 인생을 알차게 살겠다"고 결연한 표정으로 말한다. 지금까지의 삶의 자세와 방식이 아닌 세상을 따뜻하게 보는 삶의 자세이다. 그들의 특징은 감사와 즐거움으로 모든 일에 적극적이다.

일상의 작은 일에 숨겨진 깨달음을 찾아라. 인생의 전환점이 되어 주는 새로운 깨달음은 이제까지 알지 못했던 새로운 세상을 만날 수 있는 창이다.

깨달음이란 과거와 다른 새로운 세상과의 만남이다.

희망이라는 나무

살아가면서 누구나 아픔과 고통을 겪는다. 가슴 한편에 묻어
둔 속내를 털어놓지 않는다 하여 아픔이 없는 것은 아니다.
어느 누구든 남몰래 겪은 아픈 사연 하나쯤은 가지고 있다.
과거의 아픈 기억을 떨쳐내지 못하고 상처로 남기는 사람은 좌절이라
는 삶의 고통에서 벗어나지 못한다. 반대로 어려움을 극복해내면서 배
움의 기회로 삼는 이들은 밑동이 튼튼한 희망이라는 나무를 가꾼다.

누구에게나 남모르는 고통이 있다. 다만 말하지 않을 뿐이다.

적절한 자극

봄이 오면 꽃망울을 터트리는 난(蘭) 향기가 가득하다.
난을 키워본 사람들은 안다. 사시사철 정성을 다한다고 꽃이
피는 것은 아니다. 실내나 따뜻한 온실에서 겨울을 지낸 난(蘭)은 봄이
와도 결코 꽃을 피우지 않는다. 겨우내 찬바람을 맞으면서 시련을 겪어
야만 생명의 위협을 느낀 난(蘭)이 번식을 위해 꽃을 피우는 것이다.
비바람을 겪어낸 나무가 아름드리나무로 성장하듯, 땀방울을 흘려야 강인
한 체력이 유지된다. 생활 속의 적절한 자극과 긴장은 삶의 활력소이다.

적절한 자극은 고통이 아니라 삶의 활력소이다.

위기대처

프로와 아마추어의 차이점은 바로 위기대처 능력이다. 위기의 상황에서 얼마만큼 잘 대처하느냐에 따라 프로와 아마추어로 구분된다.

프로의 능숙한 위기대처 능력은 저절로 얻어진 것이 아니다. 그 비결은 의외로 아주 간단하다. 아마추어는 조그만 일에도 쉽게 좌절하고 포기한다. 프로는 수많은 실패로부터 좌절이 아닌 역경을 배운다. 그만큼 위기에 대처하는 능력이 뛰어날 수밖에 없다.

위기를 만나 좌절보다는 오늘보다 나은 내일을 만들어 나가는 긍정의 마음에 손을 내미는 것이 프로와 아마추어의 차이점이다.

주저하지 않고 손을 내민 이들을 일으켜 세우는 것이 긍정이다.

격려 상품

대학시험을 앞둔 수험생들에게 잘 붙고, 잘 풀리고, 잘 뚫리라는 의미로 엿과 화장지 등을 선물해왔다.

요즘은 잘 보라고 거울을, 잘 찍으라고 포크를 선물로 준다고 한다. 그리고 모진 태풍 속에서 비바람을 이겨낸 사과가 비싼 값에도 불구하고 수험생의 격려 상품으로 인기가 높다.

우리 주위에도 격려가 필요한 사람들이 많다. 같이 일하는 동료들이 어렵고 힘들 때 마음의 위로와 격려가 될 수 있는 격려 상품은 없을까? 위로와 격려는 희망의 싹을 움트게 한다.

격려의 말 한마디는 값으로 따질 수 없는 큰 힘이 된다.

역전의 기회

스포츠 경기에서 지는 팀이 있으면 이기는 팀이 있게 마련이다.

앞서거니 뒤서거니 하는 경쟁을 지켜보는 것은 흥미롭다. 점수가 한참 뒤져 도저히 반전을 기대할 수 없는 상황에서 역전의 상황을 만들어내고야 마는 불굴의 의지가 바로 스포츠의 묘미이다. 이 상황이 되면 누가 시키지 않아도 저절로 일어나 환호성을 지르고, 박수를 치게 된다. 역전의 기회는 다른 사람들의 이야기가 아니고 나 자신도 언제나 가능한 일이다. 다만 그런 의지가 부족할 뿐이다.

의심의 끝

의심이 시작되면 멈출 줄을 모른다. 아주 사소한 것으로 시작하여 모든 것을 부정하게 만든다. 그리고 주변 사람들에게 자신의 생각에 동조하기를 은연중 강요한다.

의심은 걷잡을 수 없을 정도로 번지는 불길같이, 내리막길 브레이크가 고장 난 자동차처럼 질주한다. 옆에서 보고 있는 것만으로도 조마조마하고 위태롭다. 결국 자신뿐 아니라 주변 사람들에게도 돌이킬 수 없는 상처를 남긴다. '의심'의 싹은 일터뿐 아니라 그 어느 곳에서도 절대 키워서는 안 되는 위험한 독초이다.

의심의 끝은 후회만 남는다.

침묵

긍정도 부정도 아닌 침묵은 제3의 물질이다. 긍정과 부정의 중간에 자리 잡고 있는 무서운 존재이다. 말할 가치가 없고, 강요가 지배하면 구성원들은 입을 닫는다. 이럴 때일수록 침묵에 가려진 속내는 어떠한 방향으로 튈지 예측하기 어렵다.

침묵은 우유부단이 아니다. 그리고 알 수 없는 존재도 아니다. 침묵이 궁지에 몰리면 반대편에 서서 반항아가 된다. 침묵이란 긍정도 부정도 아닌 무서운 세력이다.

침묵은 긍정도 부정도 아닌 소리 없는 반항이다.

생각의 기다림

결실을 맺으려면 씨앗을 뿌린 농부의 심정이 되라.
때에 맞추어 씨를 뿌리고, 뿌리를 내린 농작물이
뜨거운 태양의 불볕더위와 거친 비바람에 견디어
내도록 농부의 마음으로 가꾸어라.
나무꼭대기에 달린 빨간 감이 익어 가듯
시간이라는 기다림도 필요하다.

엉킨 실타래

엉킨 실타래는 좀처럼 쉽게 풀어지지 않는다. 시간적인 여유를 가지고 천천히 푸는 방법밖에 없다. 복잡한 일로 머릿속이 엉킨 실타래 같다면 어떠한 일이든 더 이상 매달려봐야 집중이 되지 않는다.

서류가 수북이 쌓여 있는 책상, 아무렇게나 꽂혀 있는 책들. 커피를 마시고 남긴 종이컵들이 쌓여 있지는 않은지 내 주변부터 살펴보자. 당장은 필요치 않지만 보관하고 있는 사무실 책상 위의 서류와 물건을 치우고 서랍과 책꽂이의 쓸데없는 물건은 과감하게 버려라.

정리정돈 그것 하나만으로도 마음이 차분해진다.

말(言)이 남기는 상처

말(言)의 상처가 얼마나 큰지 모른다. 폭력만 범죄가 아니다. 비아냥거림과 폭언도 엄연한 범죄이다. 몸에 입은 상처는 어느 정도 시간이 흐르면 치유가 되지만, 말이 할퀸 상처는 죽을 때까지 가슴에 남는다.

적지 않은 사람들이 일터에서 말로 인해 무수한 상처를 받고 있다. 무심코 내뱉은 말이 마음의 상처를 남기고 있는 것이다. 문제는 말하는 본인도 문제의 심각성을 잘 모른다는 사실이다. 일의 성과를 위해, 때로는 자극을 위한 말이었지만, 오히려 구성원의 사기를 저하시키는 상처를 남기고 있다.

사실대로 말하라

상사의 행동과 지시는 부하직원뿐 아니라 조직과 부서에 절대적인 영향을 미친다.

상사의 지시가 부당하거나 잘못된 것이라면 사실대로 말하라. 조직사회에서 상사의 잘못을 부하가 공개적으로 말한다는 게 말처럼 쉽지 않다. 그러나 조직 전체의 입장에서 생각을 정리해 보고, 그래도 옳지 않다면 사실대로 말하라.

이때 서로에게 도움이 되고, 업무와 목표 달성을 위해 개선이 필요하다는 점에서 사고하고 접근하라. 감정을 앞세우거나, 큰소리를 내거나 태도가 불량하면 반항이 되고 만다. 이런 것을 조심하지 않으면 시도하지 않은 만 못하다.

완벽한 평가

평가를 위한 시험은 학생에게만 해당되는 것이 아니다. 세상을 살아가면서 어느 누구도 평가에서 자유로울 수 없다.

일터에서도 평가가 수시로 이루어진다. 평가에 따라 급여와 승진에도 영향을 미치기 때문에 희비가 엇갈린다.

완벽한 평가란 존재하지 않는다. 하지만 평가의 기준과 잣대가 모든 이들에게 동등하다면 평가는 존중받아야 한다. 불평과 푸념은 자기 자신을 깎아 내릴 뿐이다.

자신의 기준

분재를 만들기 위해 뿌리와 나뭇가지 몇 개만을 남기고 죄다 자르고, 게다가 가지가 휘어서 자라도록 철사를 묶어 비튼다. 결국 나무는 제 몸뚱어리가 거의 잘려나간 채 기형적인 모습으로 살아간다.

본래 분재란 자연 그대로의 모습을 옮겨 담는 것이지 이런 방식은 아닐 것이다. 자의가 아닌 타의에 의해 뿌리와 나뭇가지를 잘린 채 화분에 옮겨져 자라는 것처럼 안타까운 일도 없다. 그럼에도 효율과 성과를 높이기 위해 모든 기준을 오로지 자신의 눈에 맞추려고 하는 것은 기형적인 모습의 분재를 만드는 것과 다를 바 없다.

산야에서 자생력을 갖춘 나무가 튼튼하게 자란다. 모든 기준을 오로지 자신의 눈에 맞추려고 하는 것은 기형적인 분재를 만드는 독선이다.

편한 상대

부서가 바뀌거나 자리를 옮기면 모든 것에 새로 적응해야 한다. 처음 만나는 동료와 직장상사의 관계 또한 서먹하고 불편하다.

조직의 구성원으로서 제 역할을 하기까지는 어느 정도의 시간이 흘러야 업무나 대인관계 등 모든 것이 익숙해진다. 이때 필요한 것은 일을 잘하는 것이 아니라 존중과 배움의 자세이다.

새로이 맡은 업무와 부서의 상사와 동료도 서서히 익숙해지면 편한 일과 사람이 되는 것이다. 지위고하를 막론하고 처음부터 편한 일과 상대는 없다.

처음부터 익숙한 것은 없다. 익숙이란 배우는 것이다.

규제의 틀

미술관에 가 보면 전시 작품의 크기가 다양하다. 화가는 자신의 작품세계를 담을 수 있는 크기의 캔버스에 그림을 그린다. 어떤 화가들은 우편엽서 크기만 한 캔버스를, 또 어떤 화가들은 10미터가 넘는 크기의 캔버스를 선택한다. 화가의 개성에 따라 작품에 따라 선택하는 캔버스의 크기 또한 각각 다를 수밖에 없다.

물론 그림의 가치는 크기로 결정되는 것이 아니다. 만일 화가들에게 캔버스의 크기를 임의의 크기로 지정하거나 강요한다면 어떤 작품은 화가가 의도했던 작품의 일부만 볼 수밖에 없고, 어떤 작품은 그림보다 빈 공간으로 채워진 그림만 감상하게 될 것이다.

통제하기 위한 규제의 틀과 시각은 다른 가능성을 용납하지 않는다. 그래서 위험한 것이다.

개성이란 다양성의 보고이자 창의적인 기틀의 발판이다. 이들을 가로막는 가장 무서운 존재는 규제의 틀과 잘못 바라보는 시각이다.

장기적인 관점

좀 더 효율적인 방안을 모색하기 위해 기발한 아이디어와 묘안이 등장한다.

도시의 땅값이 비싸다는 이유로 건물만 짓고 나무 한 그루도 심지 않는다면 황폐화된 공간으로 남을 것이다. 그런 곳은 사람이 살 수 없는 땅에 불과하다. 밤늦도록 일에만 매달려 건강도 챙기지 않고 살아간다면 이는 자기 스스로를 소모품으로 만드는 일이다.

단기적으로는 효율을 높이기 위한 현재의 희생이 나중에 감당하기 어려운 비효율의 고통으로 되돌아올 수도 있다.

단기적인 성과에 매달리지 말고 장기적인 관점에서 바라보라.

시간 도둑

업무와 전혀 관계없이 근무시간을 낭비하는 일이 적지 않다. 담배 피는 시간, 커피 마시는 시간, 사적인 전화통화, 사적인 볼일, 잠깐의 외출, 잡담, 간식을 먹는 시간 등은 엄밀히 따지고 보면 일하는 시간이다. 그럼에도 근무시간을 좀먹고 낭비하는 것에 아무렇지도 않다.

지적하는 사람이 없어도 그것은 엄연히 회사의 시간을 낭비하는 시간 도둑이다. 사람들의 손가락질을 받는 도둑질과 다를 바 없다.

시키는 대로만 하는 것

시키는 대로만 하면 다른 문제가 일어나지 않는다. 의도한 사람의 뜻대로 하는 것이기 때문이다. 시키는 대로 하면서 다른 방안을 검토하는 것은 때로는 눈치를 받기도 한다. 하지만 의도한 사람의 뜻보다 더 많은 성과를 얻을 수도 있다. 시키는 대로가 아니고 더 좋은 방법을 찾아 시도하면 그 자체만으로도 비난을 받을 수도 있다. 어려움은 많겠지만 성공한다면 새로운 사례가 된다.

시키는 대로만 일하면 결코 비난받을 일이 없다. 하지만 그런 땅은 발전가능성이라는 나무가 전혀 자랄 수 없는 불모지에 불과하다.

시키는 것만 시키는 대로만 하는 것은 능동적인 발전가능성을 스스로 묶어 버리는 것이다.

결실의 기대

씨를 뿌린다고 누구나 곡식을 얻는 것은 아니다. 일만 벌려 놓고 땀도 흘리지 않으면서 결실을 기대하는 것처럼 어리석은 일은 없다.

결실을 맺으려면 씨앗을 뿌린 농부의 심정이 되라. 때에 맞추어 씨를 뿌리고, 뿌리를 내린 농작물이 뜨거운 태양의 불볕더위와 거친 비바람에 견디어 내도록 농부의 마음으로 가꾸어라. 나무꼭대기에 달린 빨간 감이 익어 가듯 시간이라는 기다림도 필요하다.

장마와 비바람, 가뭄 등 외부적인 자연환경을 탓하지 말고 오로지 씨앗을 뿌리고 가꾸면서 흘린 땀과 정성만큼만 기대하라.

흘린 땀과 정성은 기대를 저버리지 않는다.

잘못 배운 의미

학교에서 잘못했을 때 벌을 받게 된다. 주로 방과 후 홀로 남아 교실이나 화장실 청소를 하게 된다.

가정에서도 이와 별반 다르지 않다. 아이들은 어릴 때부터 청소란 잘못을 저지른 사람들만 하는 일이며, 아주 귀찮고 하찮은 일이라고 여기며 자라난다. 살아가는 데 있어 '청소' 만큼 중요한 일도 없을 것이다. 자신이 어지럽힌 것을 치우고 정리하는 '청소'의 의미를 잘못 배우거나 제대로 배우지 못한 사람은 죽을 때까지 정리정돈과 청소란 아주 하찮은 것으로 여기며 살아간다.

일터에서도 하찮은 일이란 없다. 하물며 하찮은 일만 해야 하는 사람도 없다.

그 중요성을 제대로 인식하지 못해서이지 세상에 하지 않아도 될 하찮은 일이란 없다.

무거운 짐

산에 오를 때 중간에 짐을 풀고 쉬어야 먼 길을 걸어 더 높은 곳에 오를 수 있는데도 몸이 지칠 때까지 쉬지 않는다.

오로지 빠른 시간 내에 정상에 오르는 것만 생각하기 때문에 늘 마음이 조급하다. 그 때문에 이솝 우화에 등장하는 꾀 많은 당나귀의 물에 젖은 솜처럼 무거운 짐을 스스로 만든다.

일터에서도 자신이 감당하지 못할 만큼의 큰 짐 때문에 힘들고 괴로워한다. 그 무게의 원인이 바로 스트레스이다. 마음을 짓누르는 짐의 무게는 자신도 모르게 주변의 분위기를 가라앉게 만든다. 마음의 짐을 너무 오랫동안 쌓아두고 방치하지 마라.

세상에서 가장 무거운 것은 마음에 쌓아두고 있는 걱정과 두려움이다.

탁월한 능력

탁월한 능력을 가진 동료가 주변에 한둘쯤은 있기 마련이다. 그런 사람들은 주변의 부러움을 한 몸에 받는 다재다능한 인물이다.

그러나 그가 이루어낸 성공 뒤에 숨어 있는 노력은 생각하지 않는다. 남보다 더 열심히 노력했기 때문에 기회를 놓치지 않은 것임에도 그 사실을 외면한다. 동료의 능력을 인정하고 박수를 보내지 않으면 그 자신도 결코 동료로부터 박수받지 못한다.

자신에게 기회가 오지 않는다고 탓하지 마라. 그보다는 나 자신에게 부족한 것은 없는지 그리고 평소에 어떤 관심과 노력을 기울였는가를 먼저 되돌아보라.

탁월한 능력은 기다리는 것이 아니라 다가서는 것이다.

회의 무용론

몇 명에서 수백 명까지 대규모로 참가하는 회의가 적지 않다. 회의 장소까지 거리가 멀어 승용차나 기차를 이용할 경우 시간도 많이 걸린다. 먼 거리의 회의 참석자들은 자신이 해야 할 일을 못하고, 회의에 앞서 준비자료를 작성해야 할 경우에는 더 많은 시간을 빼앗기게 된다.

회의를 열기 전에 회의가 경제적 측면에서 그만큼의 가치가 있는가를 먼저 따져 봐야 할 것이다. 일방적인 전달만 하고, 참석자의 발언권을 필요로 하지 않는 경우 굳이 회의가 필요하지 않다. 간략하게 적어 이메일로 전달하는 것만으로도 충분할 수도 있다.

회의가 참석자의 시간당 급여만큼의 가치를 창출하는가?

과거의 꼬리표

잘했거나 잘못했거나 내가 행한 과거의 일들은 그림자처럼 따라다닌다. 부서를 이동하거나 회사를 옮겨도 과거의 행적은 좀처럼 감추기 힘들다.

밝은 곳일수록 그림자가 짙게 드리워지는 것처럼, 중요한 자리에 오르거나, 중요 부서로 옮겼을 때 과거의 행적들이 사람들의 입에 오르내린다. 최악의 경우, 과거의 행적으로 돌이킬 수 없는 결과를 초래하기도 한다. 과거에 내가 한 일은 떼어낼 수 없는 꼬리표이다.

과거의 꼬리표는 손해를 보는 사람만 있는 것은 아니다. 오히려 이익을 보는 사람들도 있다.

마지못한 일

부서에서 누군가 꼭 해야만 하는 일들이 있음에도 구성원 아무도 거들떠보지 않는 경우가 있다. 중요하지 않고 하찮은 일일수록 더욱 그렇다. 서로 눈치만 보는 상황에 이르게 된다.

결국 돌고 돌아 부서 구성원 중 누구에겐가 그 몫이 돌아간다. 일을 맡은 사람도 마지못해 하는 일이 즐거울 리 없다. 기왕 하려면 기꺼이 먼저 나서라.

서로 눈치를 보면 마지못한 일이 생긴다.

회의 자세

무엇 때문에 회의가 열리고, 왜 회의에 참가하는지 그리고
안건에 대하여 토론하고 반론할 자료가 준비되어 있는가?
단순한 회의 참가란 아무런 의미가 없다. 회의장에서 구석이나 뒷자리
에만 앉으려 하지 마라. 시간에 늦거나 준비가 되지 않은 사람들이 늘
그런 자리를 찾는다.
회의 안건도 모르고, 아무런 준비도 없이 회의에 참석하는 것은 참가자
로서 책임과 의무를 등한히 하는 것이고, 업무 시간을 허비하는 것과
다름없다.

회의 시간에 눈에 띄지 않는 자리를 찾는 사람들일수록 그들의 업무능력도 눈에 띄지 않는다.

상대의 성격과 습관

의견대립으로 뒤돌아서 상대방을 탓할 때가 있다. 못마땅했
던 점을 들추며, 그의 태도나 방식이 바뀌어야 한다는 일방
적인 비난이다.
성격이나 습관은 오랜 시간 생활방식으로 굳어져 한순간에 바꾸기 어
렵다. 피해를 주지 않는 기호의 문제라면 상대방의 습관이나 성격을 바
꿀 것을 강요하지 마라. 상대의 성격이나 습관이 마음에 들지 않거나
불편해하는 그 자체가 문제일 수도 있다. 다름을 인정한다는 것은 상대
에게 굴복하는 것이 아니라 수용한다는 뜻이다.

상대의 성격과 습관을 있는 그대로 인정하고 받아들여라.

참견과 첨견(添見)

'참견'이란 자기와 별로 관계없는 일이나 말 따위에 끼어들어 쓸데없이 아는 체하거나 간섭하는 것을 말한다.

돕고자 하는 조언도 정도가 지나치면 참견이 되고 만다. 참견은 일을 어렵게 만든다. 참견하는 이는 도움을 주는 것이라고 생각하지만 참견을 당하는 입장에서는 일 자체를 더 어렵고 더 복잡하게 만들 뿐이다. 기꺼이 도움을 주고자 하면 일을 망치는 참견보다는 차라리 도움이 되는 첨견(添見)을 하라.

참견은 일을 거꾸로 가게 한다.

손해

일이 밀리거나, 다음 날 중요한 일에 대비하여 퇴근시간 이후 혼자 사무실에 남아 일을 하게 되는 경우가 있다.

한두 사람을 위해 큰 사무실 공간에 냉방기, 난방기, 전등을 사용하는 것은 물론 회사의 업무를 위해서지만 일 본연의 가치보다도 그에 따른 경비가 더 클 수도 있다. 밤늦도록 일을 하고 있지만, 일을 하면 할수록 결국은 회사에 손해를 끼치는 꼴이 되고 만다.

일의 가치는 보편적인 타당성의 유무에 결정된다.

선물과 뇌물

선물은 감사한 마음에 대한 성의이자 물질적인 표현이다. 뇌물은 감사의 마음으로 포장된 거래이다.

선물과 뇌물의 정확한 경계는 구분하기 어렵다. 선물은 주는 사람도 받는 사람도 공개가 어렵지 않지만, 뇌물은 주는 사람도 받는 사람도 절대 공개하지 않는 비밀이다.

그러나 분명한 사실은 주고받는 당사자는 안다. 선물과 뇌물을 구분하지 못하면 독배를 마시게 된다. 마시는 순간은 달콤하지만 파멸의 수렁에서 결코 빠져나오지 못한다.

선물과 뇌물은 떳떳하게 공개할 수 있는가에 구분된다.

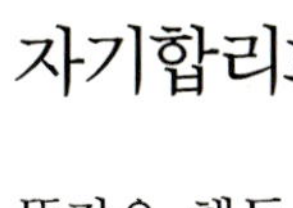

자기합리화

똑같은 행동을 했음에도 자신의 경우는 다르다고 말하며 다른 사람들의 일처리에 비판과 지적을 하는 경우가 있다. 이것 또한 자기합리화이다.

타인에게는 엄격하면서도 자신에게는 관대한 것처럼 모순은 없다. 이중적 태도의 자기합리화는 조직의 질서를 교란시키는 위선이다. 결국 신뢰의 싹을 꺾어 버리고, 팀워크를 해치고 만다.

자기합리화는 자석의 같은 극이 서로 밀쳐내는 것처럼, 밀폐된 공간의 퀴퀴한 냄새처럼 동료와 구성원들의 외면을 받는다.

자기합리화는 스스로 모순을 드러내는 이중적인 태도이다.

쓸데없는 껍질

7년 동안 애벌레로 살아온 유충이 껍질을 벗어야 비로소 한 마리 매미가 된다. 성장의 단계마다 껍질을 벗는 과정은 고통스럽다. 이렇듯 껍질은 성장에 꼭 필요한 것이다.

그러나 불필요한 것도 있다. 창의적인 업무와 성장을 방해하는 조직의 고정관념과 권위주의가 바로 쓸데없는 껍질이다. 껍질을 벗은 유충이 날개를 얻어 비로소 하늘을 날 수 있듯 조직에서 고정관념과 권위라는 껍질에서 벗어나야 활력과 기회가 넘친다.

고정관념과 권위주의라는 아무런 쓸데없는 껍질은 혼자가 아닌 전체가 뜻을 모아야 그 껍질을 벗겨낼 수 있다.

고정관념과 권위주의는 성장을 방해하는 쓸데없는 껍질에 불과하다.

권위주의

바로잡고 고치기 힘든 게 '권위주의' 이다. 권위주의는 난공불락의 요새이다. 이러한 권위에 맞설 수 있는 적은 거의 없다. 권위주의는 길바닥에 눌러 붙은 껌처럼 떼어내기 힘들다.

권위주의는 그 공간의 막강한 독재자이며 권위 밑에 있는 사람들은 부속품이나 소모품에 불과하다. '권위주의' 를 가지고 있는 폐해의 심각함을 당사자는 정작 그 사실을 잘 모른다. 설사 문제가 되더라도 그럴 리 없다고 부정하기 때문에 쉽게 고쳐지지 않는다. 권위주의는 흰 천 위의 얼룩처럼 보기 싫은데 지워도 잘 지워지지 않는다.

권위주의는 눈과 귀가 막혀 있는 상태에서 무소불위를 휘두르는 병이다.

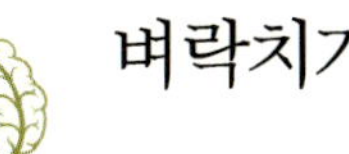

벼락치기

아무리 급한들 생고기를 익히지도 않고 바로 먹을 수는 없다. 급히 해결하려 하면 배탈이 날 뿐이다. 급한 일도 순서와 절차에 따른 시간이 필요하기 마련이다. 때를 기다리지 못하면 일을 그르치고 만다.

벼락치기는 밀렸던 일을 짧은 시간에 순식간에 해내는 것이며, 잘된다는 보장이 없이 어쩔 수 없이 진행하는 마지막 수단이다. 며칠 동안 밀렸던 일을 어느 순식간에 해낸다 해도 그것은 능력이 아니라 평소 제 역량만큼의 일을 하지 않았다는 것을 스스로 증명하는 것이다.

어떠한 일이든 시간에 쫓기지 않고, 한 번에 무리하지 않고 해내는 방법은 의외로 간단하다. 미루지 않으면 다음 일이 급할 이유가 없다.

질책

누구나 실수를 하기 마련이다. 변명을 앞세우지 말고 진심 어린 질책에 귀 기울여라. 자신이 몰랐던 점과 일의 흐름을 바로잡아 준다.

실패는 쓰라린 고통이 남는다. 실패에 따른 책임보다도 자책이라는 상처가 더 고통스럽다. 질책도 경우에 따라 부작용을 낳는다. 인격적 모독이 섞여 있다면 성장은커녕 성장의 밑동을 잘라 버리는 후유증을 남긴다. 실수와 질책은 어떻게 하고 어떻게 받아들이느냐에 따라 상대에게 약이 되기도 하고 독약이 되기도 한다.

직선과 곡선

사람들은 시간단축에만 열을 올리듯 경쟁을 벌인다. 굽은 길보다는 빨리 갈 수 있는 직선 길을 선호한다.

최악의 마라톤코스는 경사가 심한 오르막길, 그리고 직선코스로 이루어진 길이다. 42.195km의 마라톤 코스가 곡선 도로가 아니고 곧게 뻗은 직선으로만 이루어졌다면 너무도 잔혹한 일이다. 아마추어 마라토너에게 변화가 없는 단조로운 직선 코스는 몸을 빨리 지치게 만든다.

빠른 시일 내에 무엇인가를 달성하기 위해 자기 자신을 경사가 심한 오르막길과 직선코스로 내몰지 말라.

술 문화

술은 해악(害惡)이 아니다. 술자리가 스트레스를 풀고 화합을 위해 구성원들에게 어느 정도 긍정적인 역할을 하는 것이 사실이다.

다만 강압이나 예고 없이 마련된 술자리로 인해 직원의 시간을 빼앗는다면 그 자리는 차라리 없는 만 못하다. 더욱이 그 자리에서 폭음을 강요하고, 자리에 없는 다른 사람의 흉을 보는 것은 주폭과 다를 바 없다. 이런 모임은 화합을 다지는 기회가 아니라 화합을 해치고 와해시키는 자리가 되고 만다. 술자리는 술자리의 과실에 대하여 관대한 것이 문제이다.

비밀번호

"열 명이 도둑 한 명을 막지 못한다"라는 말이 있다. 비밀번호를 입력할 때마다 수시로 변경을 요구받는다. 비밀번호는 바꿀 때마다 번거롭고, 수시로 잊어버리는 골칫덩어리이다. 오랫동안 변경을 방치하고 있다면 더 이상 비밀번호로서 가치가 없다. 하지만 제대로 관리하지 못하면 본인뿐 아니라 조직과 구성원의 모든 것을 함께 잃을 수도 있다. 비밀번호의 의미는 내가 가진 모든 것의 자물쇠이다.

비밀번호에는 가지고 있는 모든 것뿐 아니라 미래의 운명도 걸려 있다.

인색한 칭찬

가정뿐 아니라 일터에서도 칭찬에 인색하다. 가정에서는 어색을 핑계로, 일터에서는 경쟁자라는 이유로 칭찬을 아낀다. 칭찬도 모자란데 그나마 뒷말로 깎아내리는 일도 적지 않다.
칭찬은 칭찬을 하는 사람, 받는 사람 그리고 그 자리에 함께한 사람들 모두가 즐거움을 맛본다. 먼저 칭찬을 해주면 훗날 언젠가 몇 배로 되돌아오는 게 인지상정이다.
일터에서 칭찬이 사라지면 사기가 저하된다. 칭찬도 습관이다. 동료의 기쁜 일에 발 벗고 나서서 진심으로 축하하라.

다른 사람의 칭찬에 인색한 사람은 칭찬받을 자격이 없다.

남의 공 가로채기

다른 사람이 한 일을 자신이 한 것처럼 꾸미지 말라. 더욱이 부하의 성과를 마치 자신이 한 것처럼 '남의 공 가로채기'는 구성원의 사기와 의욕을 무참히 꺾어 버린다.

부하직원이 공을 세우면 바로 직속상관이 돋보이는 법이다. 그럼에도 부하직원의 성과를 마치 자신이 한 것처럼 내세우는 것처럼 치졸한 짓은 없다. 치졸함이란 그것을 바라보는 사람들이 공통적으로 느끼는 감정이다.

'남의 공 가로채기'는 수평적인 문화가 뿌리내리지 못하는 논에 웃자란 피처럼 번성한다.

남의 공 가로채기는 구성원의 사기와 의욕을 무참히 꺾어 버린다.

내가 남긴 흔적

기업에서 인재를 선발할 때 과거에는 서류를 통해 제한된 정보만을 얻을 수 있었다. 그러나 이제는 온라인상에서 지원자가 불특정 다수와 주고받는 SNS(Social Networking Service) 내용으로 지원자의 인적 정보를 파악한다. 지원자가 공개적으로 밝힌 신상과 온라인상에서 어떠한 내용을 주고받았는지를 살펴보고 사람 됨됨이를 판단하는 기준으로 삼는 것이다. SNS를 통해 어떤 부류와 소통하고 어떠한 일에 관심이 있는지를 살펴만 봐도, 서류와 지인을 통한 정보보다도 더 객관적인 자료가 되고 있다. SNS에 남긴 흔적은 바로 사람 됨됨이이다.

SNS는 세상 사람들에게 공개하는 얼굴이자 신상기록서이다.

원칙과 변칙

일이 급할수록 원칙을 지켜라. 원칙에서 벗어나 일을 처리하려면 일이 더더욱 복잡해지고 혼란스러워진다. 원칙은 정해진 대로이며, 반드시 지켜야 하는 것이다. 원칙을 깨는 것은 변칙이다. 한 번 원칙이 깨지면 그다음은 불법이 판을 친다.

변칙으로 혼란이 계속 이어진다면 기꺼이 원점으로 돌아가 원칙에 근거를 두고 다시 검토하라. 방향이 잘못되었을 때 먼 길을 돌아가는 것보다 바로 유턴(U턴)을 하는 것이 더 빠를 수도 있다. 지금까지 투자한 시간을 결코 아까워하지 마라.

원칙을 무시한 변칙은 혼란을 불러일으킨다.

마음의 여유

정신없이 일에 매달리다 보면 밤하늘의 별과 달을 제대로 한번 바라보기는커녕 계절의 변화도 모르고 지내게 된다. 뿐만 아니라 뉴스와 신문도 접어두면 세상에 무슨 일이 일어나고 있는지 알지 못한다. 자연과 세상의 변화를 모르면서 무슨 일을 제대로 할 수 있겠는가? 일터는 물론이거니와 가족과의 대화도 제대로 이루어질 리 없다.

바쁠수록 챙겨야 할 것은 여유이다. 변화를 모르는 것처럼 위험한 일도 없다. 여유를 가져야 변화가 보인다. 마음의 여유가 없다는 것은 그만큼 소중한 무엇인가를 잃고 있다는 사실이다.

바쁠수록 챙겨야 할 것은 마음의 여유이다.

얄팍한 꼼수

뻐꾸기는 둥지를 만들지 않는 대신 다른 새 둥지에 몰래 알을 낳고, 다른 새가 자신의 새끼를 대신 키우게 한다.

일터에도 이들을 닮은 뻐꾸기형 구성원들이 있다. 자신이 해야 할 일임에도 다른 부서나 다른 동료들에게 맡겨 놓았다가 성과가 생기면 자신의 공적으로 챙기는 이들이다. 겉모습만 청아한 울음소리로 위장한 채 둥지를 만들지 않는 뻐꾸기는 주변 사람들을 현혹시키는 기술을 가지고 있다. 그런 뻐꾸기가 살고 있는 둥지 부근에는 부하나 동료의 공적을 가로채는 얄팍한 꼼수가 판을 친다.

가장 무서운 것

세상에서 가장 무서운 생물은 무엇일까? 일반적으로 알고 있는 사자나 호랑이 같은 맹수가 아니다. 코브라와 같이 무서운 독을 지닌 독사도 아니다. 해마다 사람을 300만 명씩 죽이는 생물은 바로 모기이다. 모기는 인간이나 동물의 피를 빨아 콜레라, 말라리아, 상피병, 웨스트 나일 바이러스(West Nile Virus) 등 각종 전염병을 전파시킨다. 그럼에도 사람들은 여전히 모기를 하찮게 여기며, 맹수를 더 무서워하고 두려워한다.

일터에서 가장 무서운 것은 내 자신이 아주 하찮게 여기는 작은 것들이다. 더 무서운 것은 평소에 거들떠보지도 않는 그것이 무엇인지조차 알려고 하지 않는다는 사실이다.

자기침식(侵蝕)

침식(浸蝕)이란 비, 하천, 빙하, 바람 따위의 자연현상으로 지표가 깎이는 것을 말한다. 일터의 구성원에게도 '자기침식(侵蝕) 효과'가 있다. 프로젝트를 진행하면서 탁월한 업무능력으로 좋은 팀 성과를 이루었음에도 독선과 커뮤니케이션이 제대로 이루어지지 않는다면 다음 프로젝트에 좋은 성과가 기대된다 해도 팀원들이 참여하기를 꺼린다. 능력을 발휘할 수 있는 좋은 기회임에도 참여 의지가 반감되기 마련이다.

'자기침식효과'는 갑자기 일어나는 것이 아니고, 이슬에 옷이 젖듯 서서히 다가온다.

자기침식은 스스로를 깎아내린다.

플러스알파

세상에 무한자원이란 없다. 일정량을
사용하면 고갈되기 마련이다. 그래서 자원은 아껴 써야 하는 것이다.
하지만 퍼내고 퍼내도 마르지 않는 샘물 같은 존재가 있다.
나 자신에 대한 사랑, 가족사랑, 동료애 같은 인간의 감성이다.
믿음과 신뢰, 동료에 대한 관심과 사랑은 아무리 퍼내도
마르지 않은 샘물과 같다. 이처럼 무궁무진하게 꺼내어 쓸 수 있는
무한자원을 우리는 아끼고 아끼면서 궁핍하게 살아간다.

'다르다'와 '틀리다'

'다르다'와 '틀리다'는 엄연히 다른 말이다. 사전을 찾아보면 '다르다'는 '비교가 되는 두 대상이 서로 같지 않은 것'이며, 반면에 '틀리다'는 '셈이나 사실 따위가 그르거나 어긋난 것'을 말한다. 조직의 구성 안에서 '다르다'를 '틀리다'로 인식하면 대립과 갈등의 원인으로 발전한다. 본래 '다르다'의 뜻이 갖고 있는 다양성을 인정하지 않고, 자신의 의견에 반대하는 '틀리다'로 받아들이기 때문이다.
'다르다'는 것을 다양성으로 받아들이느냐에 따라 조직의 원활한 커뮤니케이션이 결정된다.

'다르다'와 '틀리다'의 차이는 성장과 정체를 결정짓는다.

선물의 가치

물건을 보내는 단순한 일에 불과하지만, 실제로는 마음의 교류가 이루어지는 게 선물이라는 말이 있다. 선물은 받는 사람도 즐겁지만, 주는 쪽에서도 물건을 고르고 준비하는 과정의 즐거움이 크다.
선물이 내포하고 있는 마음의 교류에 반드시 비용이 드는 것은 아니다. 비용을 들이지 않아도 상대에게 오랫동안 기억에 남는 선물은 여러 가지가 있다. 자신의 필체를 담은 편지, 감사의 말 한마디, 그리고 친절한 인사도 비용이 들지 않는다.
선물은 마음을 이어주는 끈이다. 하지만 우리는 비용이 들지 않는 마음의 선물에 너무 인색하다. 비용이 들지 않는 선물의 가치를 잘 모른다.

선물의 의미는 마음의 교류이다. 상대의 기쁘고 좋은 일에 진심으로 축하하는 악수를 건네라.

업무수첩

업무수첩은 회의내용과 전달사항만 적는 것이 아니다. 단순히 기억하고 전달해야 할 내용만 적으려면 굳이 업무수첩이 필요 없다. 스마트폰으로 녹음만 해도 충분하다. 업무수첩에 채워야할 것은 해야 할 일을 어떻게 실행하여 결론에 도달할 수 있는가에 대한 계획과 실행서이다. 그리고 현재 진행하고 있는 업무의 문제점과 프로세스를 점검하여 효율을 높일 수 있는 방안을 만들어 가는 공간이다. 때 묻은 업무수첩에는 실패와 좌절, 기쁨과 환희가 담겨 있다. 땀 흘리며 고심했던 필체의 흔적 속에 과거보다 성장했음을 확인할 수 있다면 훌륭한 업무수첩이었음이 틀림없다.

업무수첩은 전달사항을 받아 적는 노트가 아니라, 일터의 계획을 완성시켜 나가는 생각의 공간이다.

체면이라는 고집

썩은 사과를 구분하기 위하여 끝까지 먹어볼 필요는 없다. 외관상 식별이 불가능해도 누구나 한 입만 먹어 봐도 안다. 일처리에 문제가 있어 지금 당장 업무방향을 수정이나 보완해야 함에도 그대로 진행하는 경우가 있다. 체면과 부서의 이기주의 때문에 고집을 부리는 것이다. 문제는 사태의 심각성을 바로 보는 것이다. 업무방향이 틀렸다고 판단되면 상황에 맞게 곧바로 U턴이나 180도 반대방향, 또는 P턴이나 90도 방향으로 수정해야 한다.

체면이나 공연한 고집은 조직이 원하는 목적이나 방향과 달리 엉뚱한 곳으로 가게 만든다. 부서 이기주의와 체면이라는 고집이 가져오는 결과는 조직에 막대한 경제적 손실을 가져온다.

체면이란 고집으로 유지되지 않는다. 체면이란 다른 사람을 대하기에 떳떳한 도리나 얼굴이다.

VIP 동료

동료에 대한 관심이 바로 관계 형성의 첫걸음이다. 일을 하다 보면 간단한 일에 불과할지라도 누군가의 도움을 필요로 할 때가 있다.

공동으로 진행하는 작업에 참여한다면 동료에게 관심을 가져라. 동료의 일을 기꺼이 잘 도와주는 부서원일수록 부서의 환영을 받는다. 동료들을 누구보다도 소중한 사람인 VIP로 여기면 자신도 동료들로부터 없어서는 안 될 VIP 대접을 받게 된다.

평소의 관심이 진정한 동료애로 이어진다. 동료들에게 매우 중요한 사람(VIP)이 되면 어떠한 상황에 처해도 어려움을 헤쳐 나갈 수 있다.

같이 일하는 동료의 고마움은 같이 있을 때 모른다.

샅바의 기술

씨름은 자신보다는 상대방의 힘을 이용하여 다양한 기술을 구사하는 경기이다. 샅바가 있기에 다양한 기술이 가능하다. 만일 씨름에 샅바가 없다면 단순한 힘겨루기에 불과하다.

일터에서 탁월하게 일을 잘하는 사람들은 자신만의 샅바를 이용하여 다양한 역량을 발휘하는 이들이다. 똑같은 환경에서 다른 사람들보다 몇 배의 실적과 성과를 올리는 이들은 특별한 노하우를 가지고 있다. 이 노하우는 우연히 알게 된 것이 아니라, 자신만의 새로운 방법을 연구하고 터득한 결과이다.

일터에서 나만이 구사할 수 있는 샅바의 기술은 무엇인가?

일터에서 나만이 구사할 수 있는 탁월한 기술을 갖춰라.

독불장군

쉼표(,)와 마침표(.)의 진가는 노래에서 발휘된다. 노래에는 호흡의 쉼과 마침이 중요하다. 이것을 지키지 못하면 불협화음이 되고 만다.

조직의 역할이란 구성원들과 함께 하모니를 만들어내는 것이다. 무대에선 합창대원 한 사람 한 사람의 목소리가 조화를 이룰 때 가장 멋진 하모니가 나온다. 쉼과 마침을 구분하지 못하면 조직과 부서에 도움이 되는 것이 아니라 오히려 해를 끼칠 뿐이다.

어려운 상황일수록 하모니가 필요하다. 쉼과 마침을 제대로 구분하지 못하고 제멋대로인 독불장군은 그저 잡음에 불과하다.

애매한 단위

일터에서 '곧', '잠깐', '금방', '잠시' 라는 말을 자주 듣고, 자주 하게 된다. 그 시간은 경우에 따라 30초가 되기도 하고, 세 시간, 삼 일, 석 달로 제멋대로 늘어나는 고무줄이다.

'곧', '잠깐', '금방', '잠시' 라는 단위처럼 애매하고 불확실한 표현은 없다. 일상에서 이러한 단어들은 다음으로 미루는 핑계에 불과하다.

신뢰 저하와 혼란만 가져오는 애매한 단위보다 정확한 수치를 사용하라. '곧', '잠깐', '금방', '잠시' 의 상황이 오면, 반드시 시간의 한도를 정해라.

뛰어난 것

신문에는 매일 뉴스기사와 함께 사진이 실린다. 사진기자는 현장에서 수백 장에서 수천 장의 사진을 촬영한다. 수많은 사진 중에 딱 한 장만이 신문에 실리는 것이다. 그나마 사진이 실리지 않는 경우도 있다.

15초의 광고 또한 마찬가지이다. 광고 한 편을 제작하는 데 걸리는 시간은 수십에서 수백 시간이다. 초 단위로 계산하면 수십만에서 수백만 초이다. 그럼에도 사람들의 관심을 받기보다는 외면을 받을까 두려워한다. 우리가 말하는 결과와 성과 또한 수백, 수천 가지 중에서 하나만이 '괜찮은 것'이 된다. 따지고 보면 '괜찮은 것'이 아니라 아주 '뛰어난 것'이다.

가치에 대한 평가를 두려워하지 마라. 평가는 당사자가 아니라 다른 사람에 의해 결정되는 것이다.

확고한 원칙

자신만의 확고한 기준이 되는 원칙을 정하라. 원칙은 어떠한 상황에서도 흔들리지 않는 것이다. 원칙이란 예외 없이 모든 일에 동일하게 적용된다.

자신이 내린 결정에 후회하지 않는 사람들은 판단의 기준이 되는 원칙이 확고하다. 스스로 정한 원칙을 지키면 마음이 흔들리거나 불안하지 않다. 항상 모든 일에 있어 결정과 판단도 빠르다.

원칙을 가지고 있는 사람은 어떠한 상황에서도 흔들리지 않는다.

일인삼역(一人三役)

싱어 송 라이터(Singer Song Writer)는 일인삼역(一人三役)이다.

대부분의 가수는 작곡가와 작사가로부터 곡을 받아 부른다. 자신이 곡을 쓰고, 노랫말을 붙여 노래를 부르는 가수는 흔치 않다. 우리는 그들을 싱어 송 라이터라고 부른다. 싱어 송 라이터는 바로 일인삼역을 해내는 이들이다. 한 가지도 제대로 하기 힘든데 일인삼역을 해내기 때문에 싱어 송 라이터는 뛰어난 능력자이다.

일터에서도 싱어 송 라이터처럼 훌륭하게 일인삼역을 해내는 이들이 있다. 그 이유는 간단하다. 그들은 남들보다 세 배 더 노력하기 때문이다.

일인삼역(一人三役)은 노력이 만들어낸다.

점심시간

직장인에게 있어 점심시간은 가장 행복한 시간이다. 누구의 간섭도 받지 않고, 자유로운 시간을 누릴 수 있기 때문이다.

이 시간을 이용하여 자기계발을 위한 부족한 공부를 하거나 산책, 그리고 휴식을 즐기며 충전시간으로 보내기도 한다. 또 어떤 이들은 동료들과의 이야기를 나누는 시간으로 보내고 피곤을 달래기도 한다.

'티끌 모아 태산' 이듯 짧은 시간도 활용하기 나름이다. 짧다면 짧은 이 시간을 어떻게 사용하느냐에 따라 자신만의 생산적인 시간을 만들 수 있다.

점심시간은 자유시간이 아니라 새로운 것을 만들어내는 창조의 시간이다.

제2의 가족

일터에서 온종일 일에 매달려 사는 게 직장인의 하루이다. 아침에 잠에서 깨어나 일터에 일하러 나오는 것이 아니라 퇴근하면서 집에 잠깐 다녀오는 것이라는 푸념도 적지 않다.

결코 틀린 말이 아니다. 하루 24시간 중 수면시간을 제외하면 집보다 일터에서 보내는 시간이 더 많다. 가족보다도 많은 시간을 함께 보내는 직장동료는 더없이 각별한 이웃사촌이자 소중한 존재이다. 그래서 일터에서 같이 일하는 사람들은 동료가 아니고 제2의 가족이다.

팀워크

두 사람의 한쪽 발목을 끈으로 같이 묶고 뛰는 경주가 바로 2인3각 경기이다. 몸은 둘이지만 다리는 셋인 상태에서 서로 마음이 맞지 않으면 한 걸음도 전진할 수 없다. 한마디로 팀워크가 무엇인지를 알려주는 경기이다.

사회생활은 늘 2인3각 경기이다. 아무리 능력이 뛰어난다 한들 혼자서 할 수 있는 일은 그리 많지 않다. 동료나 팀원과 함께 마음을 맞추지 않으면 모두가 넘어지고 만다. 이렇듯 2인3각, 3인4각, 4인5각으로 서로가 힘을 합쳐 함께 공동의 목표를 향해 전진하는 게 바로 팀워크이다.

하루의 마감

시작이 있으면 끝이 있기 마련이고, 끝을 맺어야 또 새로운 일을 시작할 수 있다.

퇴근하는 발걸음은 가벼워야 한다. 퇴근하기 전 해야 할 일을 완벽하게 끝내라. 일거리에 대한 근심과 걱정을 집에 가져가지 말고, 업무와 관련된 생각은 과감하게 일터에 묶어놓고 퇴근하라.

몸은 집에 있지만 끝내지 못한 일거리 때문에 걱정이라면 휴식은 물론이고 가족과의 시간도 즐길 수 없다. 일터에서 오늘의 일거리를 완벽하게 마쳤을 때 가족과 함께하는 즐거움과 휴식의 평화로움을 누릴 수 있다.

평화로움에 모든 것을 잊게 하는 낙조(落潮)처럼 아름다운 하루를 마감하라.

최고의 컨디션

퇴근 후 부서회식이나 개인적인 약속으로 모임이나 술자리에 참석하는 일이 생기게 된다. 시간이 길어져 밤늦도록 술을 마시면 다음 날 늦게 출근하거나 일에 지장을 가져올 확률이 크다. 제 시간에 출근한다 해도 숙취 상태로 몸의 컨디션이 좋지 않은데 일이 제대로 될 리가 없다.

퇴근 후 개인의 생활은 자유이지만, 다음 날 일할 수 있게끔 심신의 상태를 최적으로 유지하는 것은 구성원뿐 아니라 회사에도 이득이다.

컨디션을 엄격하게 관리하는 비행기 조종사는 다음 날 비행계획이 있으면 충분한 수면으로 휴식을 취하면서 최상의 컨디션을 유지한다. 컨디션은 그날그날 상황에 따라 다른 것이 아니라 스스로 조절하면서 만드는 것이다.

일할 수 있는 최고의 컨디션을 스스로 만드는 것은 무엇보다도 뛰어난 자질이다.

독보적인 존재

가짓수가 많은 메뉴를 내놓는 요리점은 손님들이 손으로 꼽는 최고의 메뉴가 없다. 이에 비해 한 분야의 요리를 전문적으로 하는 음식점에 손님이 몰린다. 특정 분야에 집중함으로써 타의 추종을 허락하지 않을 만큼 전문적이고 차별화된 요리를 내놓기 때문이다.

뛰어난 실력을 가진 프로선수가 다른 종목에서도 우수한 실력을 발휘하는 경우는 거의 보기 힘들다. 한 가지가 아니고 이것저것 모든 것을 다 잘하기란 정말 어렵다. 'Specialist'란 전문적인 한 가지를 정해 누구에게도 뒤지지 않는 최고의 기량을 갖춘 독보적인 존재이다.

독보적인 존재란 그 분야에서 감히 흉내 낼 수 없는 최고의 기량자이다.

기준이 되는 선

목표를 이루고자 하면 그에 걸맞게 일처리의 기준과 우선순위를 엄격하게 정하라. 똑같은 일을 해도 기준에 따라 결과는 얼마든지 달라진다.

목표는 독창적이고 창의적이었는가?

고객을 대상으로 고객 지향적이었는가?

후회하지 않을 만큼 노력하였는가?

일은 기준에 의해 진행해 나가는 것이다. 기준을 어떻게 정하느냐에 따라 일의 결과는 천양지차로 달라진다.

기준이 되는 선을 정하는 것보다 지키는 것이 더 어렵다.

PI(Personal Identity)시대

기업을 대표하는 게 기업이미지 CI(corporate identity)라면, CEO의 기업인이미지가 바로 PI(President identity)이다.
스마트시대를 맞아 개인 홈페이지나 블로그, 카페, 트위터, 페이스북 등 대내외에 알릴 수 있는 수단은 수없이 많다. 구성원들의 IT문화가 바로 PI(Personal Identity)활동이다. PI는 사내나 사외의 활동이 개개인의 활동에 한정되지 않고 기업이미지를 만든다. 사원 개개인의 이미지가 대외적으로는 바로 기업의 얼굴이 되고 있다.

구성원 개개인의 이미지 PI(Personal Identity)는 바로 자신이 속한 조직의 얼굴이다.

꿈의 실현

사람은 누구나 꿈을 좇는다. 사람들은 성공한 이들, 바로 그들이 꿈을 이룬 비결을 궁금해한다. 그러나 비결은 의외로 간단하다.
첫째, 무엇을 어떻게 할 것인가를 생각하기
둘째, 구체적인 실천으로 옮기기 위한 계획을 글로 적기
셋째, 주변 사람들에게 알리기
넷째, 목표달성을 위한 실천하기

꿈을 실현하기 위한 방법을 모르는 사람은 없다. 다만 그것을 실행하지 않을 뿐이다.

무한자원

세상에 무한자원이란 없다. 일정량을 사용하면 고갈되기 마련이다. 그래서 자원은 아껴 써야 하는 것이다.

하지만 퍼내고 퍼내도 마르지 않는 샘물 같은 존재가 있다. 나 자신에 대한 사랑, 가족사랑, 동료애 같은 인간의 감성이다. 믿음과 신뢰, 동료에 대한 관심과 사랑은 아무리 퍼내도 마르지 않은 샘물과 같다. 이처럼 무궁무진하게 꺼내어 쓸 수 있는 무한자원을 우리는 아끼고 아끼면서 궁핍하게 살아간다.

최고의 찬사

요리사에 대한 최고의 찬사는 '맛있다' 는 표현이 아니다. 요리사가 만든 음식을 남김없이 먹는 것이야말로 요리사에 대한 최고의 칭찬이다.

일터에서 일하는 사람에 대한 최고의 찬사는 '일을 잘했다' 라는 격려나 박수가 아니다. 그가 일하는 조직과 부서에서 그가 꼭 필요한 존재임을 인정받는 것이다.

저력

빙산은 수면 위 얼음보다 수면 아래에 더 큰 것이 감춰져 있다. 수면 위로 보이는 빙산은 전체의 1/8에 불과하다.

모든 일을 현재 눈에 보이는 것으로만 섣불리 판단하지 마라. 저력이란 숨겨진 실력이다. 저력은 수면 아래 잠긴 거대한 빙산과 같으며, 눈과 얼음 밑에서 봄을 기다리며 움을 트고 있는 새싹의 희망이다.

저력은 특정한 사람만이 지니고 있는 것이 아니다. 나 자신 속에 잠재되어 있는 능력임에도 다만 그것을 꺼내어 쓰지 않을 뿐이다.

선택과 집중

먹잇감을 향해 접근하는 표범은 몸을 낮추어 아무 소리도 나지 않게 절제된 동작으로 발걸음을 옮긴다. 포착 기회가 오면 먹잇감을 향해 전속력으로 질주한다.

여러 가지 많은 일에 매달리기보다는 선택과 집중을 하라. 그래야 가장 가치 있는 일에 집중할 수 있다. 때로는 잡다한 일을 줄이는 것도 경영의 한 방식이다. 구성원 또한 우선순위에 의해 불필요한 것을 줄여나가고 단순화하는 것이 조직의 목표에 근접할 수 있는 전략이다.

때로는 마이너스가 답이다.

명확한 거절

상대방에게 협조를 요청할 때 '검토 중', '생각 중'이라는 답변을 들을 때가 있다. 'YES'인지 'NO'인지 판가름하기 어려운 아주 애매한 표현이다.

'검토 중', '생각 중'이라는 표현은 겉으로는 긍정적인 것처럼 보이지만, 실제로는 보류를 의미하거나 거절일 확률이 높다. 시간이 지날수록 협조를 요청하는 측이나 받아들이는 측, 양측이 다 난처하기만 할 뿐이다. 난처함 때문에 서로 시간을 빼앗지 말고 차라리 명확하게 하라.

"빠른 시간 내에 검토하여 언제까지 알려 드리겠습니다."

애매한 거절은 서로의 시간을 빼앗을 뿐이다. 차라리 명확하게 거절하라.

치유능력

치유능력은 생존과 직결된 문제이다.

고래는 상처를 입었을 때 스스로 치료하는 능력이 다른 동물에 비해 매우 뛰어나다. 상처 부위에 용연향(龍涎香)이라는 물질이 생성되어 스스로 치유하기 때문이다.

일터에서 스스로의 치유능력이 필요하다. 동료나 상사의 말 한마디에도 마음에 큰 상처를 입기도 한다. 마음의 상처는 잘 아물지 않는다. 마음의 상처를 제때에 치유하지 못하면 육체마저 병들게 된다.

마음의 상처를 스스로 치유하는 능력이야말로 세상을 살아가는 데 무엇보다 중요한 경쟁력일 수도 있다.

마음을 다스리는 치유능력은 세상을 살아가는 데 무엇보다 중요한 경쟁력이다.

PART 2
유연한 직장생활을 위한 3박자

조직이라는 틀
커뮤니케이션
협력의 힘

조직이라는 틀

업무를 추진하는 데도 부서의 재량과 권한이 주어진다.
재량과 권한은 조직이나 구성원에게 도움과 활력이 되어야 한다.
하지만 잘못 사용하면 부작용을 낳는다.
일터에서 업무적인 재량과 권한이라는 칼은 어떻게 사용하는가에
따라 조직과 구성원에게 도움이 되기도 하고, 도움은커녕
도리어 그들을 해치는 칼이 되기도 한다.

분위기라는 전염병

전염병의 특징은 순식간에 확산된다는 점이다.

부서에서 오가는 대화에 가시가 돋쳐 있으면 사무실 분위기가 순식간에 험악해진다. 분위기는 전염성이 강하다. 분위기를 해치는 나쁜 바이러스가 창궐하면 부서 전체의 구성원들이 서로 눈치만 본다. 이런 상태에서 일의 효율이 오를 리 없다.

반면에 분위기가 밝은 사무실은 일의 효율과 성과도 높다. 밝은 표정으로 오가는 대화에 웃음이 넘치는 분위기는 좋은 바이러스이다. 얼마 지나지 않아 다른 사무실까지 웃음이 퍼져 나간다. 사무실의 분위기는 전염병에 아주 취약하다. 일하는 동료에게 나는 어떤 전염병을 불러일으키는 바이러스인가?

부서의 분위기는 다른 사람에 좌우되는 것이 아니라, 나 자신에게 달려 있다.

통제의 이유

사거리의 교통 신호등은 각 방향으로 오가는 차량을 제어한다. 빨강, 파랑, 노랑 신호는 차량뿐 아니라 보행자들이 안전하게 길을 건널 수 있도록 한다.

차량과 보행자들은 신호등의 지시에 절대적으로 따라야 한다. 만일 교차로에 신호등이 없다면 차량 운전자나 길을 건너는 사람 모두가 혼란스럽고 불안할 것이다. 횡단보도 앞에 멈추어 서서 신호가 바뀔 때까지를 무료하게 기다려야 한다는 이유로 불만을 가지는 사람은 없다. 통제는 전체의 원활한 흐름을 위해 스스로 지켜야 하는 것이지 억압하는 것이 결코 아니다. 리더의 역할이란 바로 신호등과 같다.

통제는 구속과 억압이 아니다. 물 흐르듯 전체의 원활한 흐름을 위한 것이 통제이다.

구성원의 역할

빵을 구우려면 여러 가지 재료가 필요하다. 밀가루와 반죽에 필요한 물, 발효제, 계란, 우유가 서로 어우러져 구수한 향기와 빵 맛을 결정한다. 재료가 한 가지만 부족해도 빵으로서의 품질이나 가치가 현저하게 떨어진다.

조직에서 자신이 맡은 역할이란 일과 연관된 동료와 부서 전체에 순기능의 작용이다. 독립된 개별적인 일이 아니라 공동의 틀 안에서 상호작용으로 성과를 만들어 나가는 것이다.

재료 하나하나가 어우러져 향기 있고 맛있는 빵이 만들어지듯 구성원으로 제 역할을 제대로 해낼 때 목표로 하는 성과로 이어지는 것이다.

역할이란 조직이라는 틀 안에서 독립된 혼자의 일이 아닌 상호작용을 위한 책임이다.

상사의 태도

상사는 부하의 일하는 자세에 영향을 끼친다. 일보다 상하관계에 중점을 두는 상사는 결과만을 중시한다. 그런 상사 밑에서 부하직원은 단순이 시키는 일만 한다.

반면에 동료관계를 중시하는 수평적인 상사는 일처리 과정의 어려움을 함께 나눈다. 부하직원은 주어진 일뿐만 아니라 부서에 필요한 일거리를 스스로 찾아 일하는 협력자가 된다. 부하의 일하는 자세는 상사의 태도와 사고에 달려 있다.

상사의 태도에 따라 부하의 일하는 자세가 달라진다.

상사보다 무서운 존재

일터에서 내가 일할 수 있는 것은 고객이 존재하기 때문이다. 고객은 아주 까다로운 변덕쟁이이다. 언제 어디서 갑자기 마음이 변할지 알 수 없다. 하지만 고객의 마음을 제대로 헤아리지 못하면 내 일거리는 물론이고, 내가 일하고 있는 일터도 존재하지 않는다. 일터에서 내 모든 것을 결정짓는 것은 상사가 아니라 고객이다. 회사의 운명 또한 고객에게 달려 있음은 물론이다. 일터에서 가장 무서운 존재는 바로 고객이다.

일터에서 일할 수 있음은 바로 고객이 있기 때문이다. 따라서 일터의 모든 판단의 기준은 바로 고객이다.

무분별한 남발

조직 내 구성원으로 가장 많이 듣게 되는 말 중의 하나가 '화합'과 '단결'이다. 구성원의 호응이 적으면 불쑥 튀어나오는 단어이기도 하다.

문제는 부적절한 사용이다. 업무뿐 아니라 퇴근 후 모임이나 술자리에까지 이러한 단어를 무분별하게 내세우는 경우이다.

'화합'과 '단결'의 정체는 무엇일까? '구성원이 속해 있는 부서 전체가 어떠한 목표달성을 위하여 합심하여 일하는 것'이다.

그럼에도 때와 장소를 가리지 않고 무분별하게 '화합'과 '단결'을 남용하거나 강요의 힘을 빌리면 '단결(團結)'이 아니라 단결(短結)로 변질되고 만다. '화합'과 '단결'이란 좋은 결과를 만들기 위한 조직원 전체의 자발적인 의지가 담긴 결정체이다.

조직에서 단결은 꼭 필요한 것이다. 하지만 무분별한 '단결'의 강조와 남발은 폭력이며 후유증을 만들어낸다.

'지연'이 가져오는 여파

차량이 오가는 도로에서 길이 막히는 이유는 교통사고나 공사 때문이 아니다. 교통 흐름을 따라잡지 못하는 차량으로 인해 길이 막히는 경우가 적지 않다.

1차선을 달리는 느린 화물차, 새치기, 끼어들기, 신호위반 차량으로 고속도로는 저속도로가 되고, 저속도로는 결국 모두가 오도 가도 못하는 주차장 신세가 되고 만다.

구성원 중에서 단 한 사람의 실수로 인해 부서 전체의 일이 지연되기도 한다. 일의 흐름에 영향을 미치는 지연은 조직 전체에 악영향을 끼치는 위험인자이다.

전체 업무의 흐름에 영향을 끼치는 지연은 개인의 실수가 아니라 위기이다.

아주 작은 것

전체의 흐름에 영향을 끼치는 것은 크고 특별한 것이 아니다. 아주 작은 상처가 순식간에 전체를 곪고 썩게 만든다.

밝은 인사만으로도 부서 전체에 웃음이 가득 찬 분위기로 이끈다.

전체에 큰 영향을 미치는 것은 크고 대단한 것, 그리고 특별한 것이 아니다. 생각보다 아주 작은 것들이 전체에 영향을 발휘한다. 너무 멀리서 큰 것만 찾지 마라. 가까운 곳에서 아직 발견해내지 못한 알찬 것에 주의를 기울여라.

작은 돌 하나가 빠지면 성곽 전체가 무너진다.

'권한'이라는 칼

칼은 어떤 주인을 만나느냐에 따라 쓰임새가 달라진다.

사람의 병을 고치는 칼, 음식을 만드는 칼, 사람을 해치는 칼 등의 쓰임새로 쓰인다.

업무를 추진하는 데도 부서의 재량과 권한이 주어진다. 재량과 권한은 조직이나 구성원에게 도움과 활력이 되어야 한다. 하지만 잘못 사용하면 부작용을 낳는다.

일터에서 업무적인 재량과 권한이라는 칼은 어떻게 사용하는가에 따라 조직과 구성원에게 도움이 되기도 하고, 도움은커녕 도리어 그들을 해치는 칼이 되기도 한다.

재량과 권한은 책임이며, 책임이 없는 권한은 범죄이다.

거대한 울타리

해외에 나가면 애국자가 되고, 혼자서 여행을 떠나봐야 비로소 가족의 소중함을 깨닫게 된다. 자신이 몸담고 있는 소속이나 조직을 떠나봐야 그 실체에 대해 정확히 알 수 있다.

퇴직한 사람들은 과거에 소속되었던 조직이라는 울타리가 거대한 성벽이라고 말한다. 소속과 연대감이 주는 안정을 그리워하는 것이다.

자신이 몸담고 있는 조직의 구성원이라는 사실이 자기 자신에게 큰 힘을 주고, 지켜주는 거대한 울타리라는 사실을 현재의 시점에서는 잘 알지 못한다.

소속의 일원으로서 누리는 가치는 연대감이 주는 안정이다.

필수 인원

인재는 역할에 따라 두 부류로 나뉜다. 구성원 중 한 사람이 빠져도 부서 전체의 일에 지장을 받지 않는다면, 이런 인원은 있으나마나 한 불필요한 인원이다. 단순히 한 사람 이상의 업무 역량과 기량으로 전체에 끼치는 영향이 막대하다면 이는 필수적인 인원일 것이다.

소모적인 인원과 필수적인 인원의 차이는 부서와 회사 전체에 얼마만큼 기여하고 영향을 미치는가에 따라 판가름이 난다. 그것은 결코 직위와 권위로 결정되는 것은 아니다.

조직과 부서에서 꼭 필요로 하는 사람은 말을 하지 않아도 누구인지 다 알고 있다.

인재

조직의 구성은 직책과 서열로 위아래를 구분한다. 비록 일개 말단직원이라도 리더와 같이 역량을 갖춘 직원이 있는가 하면, 직급이 높은 관리자라도 말단직원만도 못한 역량을 가진 이도 있다. 직책과 직위가 높다고 꼭 유능한 것은 아니다. 서열과 위치가 중요한 게 아니라 업무 역량과 능력, 그리고 품위와 행동이다. 자신의 능력을 누가 알아주지 않는다고 탓하지 마라. 숨은 보석은 언젠가 빛을 발하기 마련이고, 곧 눈에 띄기 마련이다.

훌륭한 인재는 반드시 누군가의 눈에 띄기 마련이다. 숨은 인재란 뒤늦게 눈에 띄었을 뿐이다.

근거 만들기

업무를 추진하는 데 있어 근거가 반드시 필요하다. 근거를 무시하고 목적에서 벗어난 일을 추진하면 책임이 뒤따르는 것은 당연하다. 어느 경우에도 목적이 확실하고 정당한 사유가 있어야 한다.

하지만 근거와 책임을 피하기 위해 또 다른 일거리를 만드는 것처럼 비효율적인 것은 없다. 근거에 집착하면 할수록 일의 본질이 왜곡된다. 훗날에 벌어질지 모르는 책임을 피하기 위한 요식행위라면 더더욱 그렇다.

회사에 다니는 이유

회사에 다니는 이유는 무엇일까?

힘들고 고단한 일터에 일하는 첫 번째 이유는 아마도 경제적인 활동을 영위하기 위해서이다. 하지만 단지 돈을 벌기 위해 회사를 다닌다면 이처럼 비참한 것도 없다. 노동의 대가는 경제적 충족을 위한 하나의 요소일 뿐이다. 일터에 나가는 이유는 궁극적으로 자신이 가지고 있는 꿈과 이상의 실현이어야 한다. 나 자신과 가족, 그리고 사회의 구성원으로서 목표와 도전, 그리고 자아를 실현해 나가는 터전이다. 일하는 즐거움이 우선일 때 회사생활은 물론이고 더불어 삶이 행복해진다.

차선의 선택

동료나 윗사람의 선택과 결정을 때때로 이해하기 어려울 때가 있다.

선택이란 현재가 아닌 미래에 대한 스스로의 결정이다. 따라서 자신의 입장에서 가장 유리한 최선의 방법을 고른다. 하지만 경우에 따라 최선이 아닌 다른 차선을 택하기도 한다. 차선을 선택하는 이유는 최악의 경우를 피하기 위한 전략이다. 결정에 숨어 있는 전략을 이해하라.

선택은 미래의 가치이며, 최선이 아닌 차선의 선택에는 전략이 숨어 있다.

연결고리

과정이 있어야 결과가 이루어진다. 과정 없이 이루어지는 결과란 없다. 과정과 결과의 의미란 일 자체와 연관된 관계의 조합이다. 일과 관련된 부서와 사람들의 관계는 상호작용의 끈으로 연결되어 있다. 이것이 프로세스이다.

제품과 서비스를 생산하고, 판매를 거쳐 그 제품의 수명이 다할 때까지 관리를 해야 하는 것처럼, 과정은 이들의 관계를 이어주는 연결고리이다. 과정을 중시하지 않는 결과란 아무런 쓸 데가 없는 껍데기와 다를 바 없다.

과정을 무시하는 결과는 한탕주의와 다를 바 없다.

업무성과

한 해의 *끄트머리*인 연말이 되면 일 년간 진행해왔던 업무 실적을 작성하게 된다. 업무실적의 본질은 성과이다. 성과는 일상 업무의 순차적인 나열이 아니라 조직이나 부서에 기여한 실적이다. 막상 일 년간의 업무를 정리해보면 불과 종이 한 장을 채우기도 힘들다. 한 일은 많은 것 같은데 내세울 만한 게 없다.

업무성과는 기록만 한다고 그대로 인정되는 것은 아니다. 부하, 동료, 그리고 상사에 의해 다면평가가 이루어지고, 결과에 따라 승진과 급여에도 영향을 미친다. 업무성과는 본인이 내세우는 것이 아니라 타인에 의해 결정되는 냉정한 평가이다.

벤치마킹

우수한 상대를 표적으로 삼아 자신의 업무와 성과 차이를 비교하고, 그들의 뛰어난 운영 프로세스를 배우는 경영기법이 벤치마킹이다. 즉, 뛰어난 상대에게서 한 수 배우는 것이다. 그들의 다른 방식을 이해하고 좋은 점만을 골라 업무에 접목시키는 것이다. 우수한 유전자를 가진 나무와 뿌리를 접목시키면 어떠한 품종보다도 튼튼하게 잘 자랄 확률이 더 높다.

상대방의 탁월하고 훌륭한 방식을 배운다는 것은 굴욕적이거나 창피한 것이 아니다. 이 세상에 배움의 가치보다 더 큰 것은 없다.

네 부류의 일꾼

세상에는 네 부류의 일꾼이 있다.
나는 어떠한 사람인가?
첫째, 시키는 일도 안 하는 사람,
둘째, 시키는 일만 하는 사람,
셋째, 시키는 일마다 문제를 일으키는 사람,
넷째, 시키지 않아도 해야 할 일을 스스로 찾아서 일하는 사람
일터에서 반기는 사람들의 첫 번째 조건은 능동적인 태도와 자세이다.

상사의 부재

상사는 지시하거나 감시하는 사람이 아니다. 상사가 회의
나 출장으로 자리를 비운다고 일이 제대로 돌아가지 않는
다면 문제가 있는 조직이다. 특히 일의 흐름이나 부서의 결정을 상사가
나타날 때까지 미루는 조직에서 발전이란 있을 수 없다. 이런 조직이란
구성원들이 스스로 해결해 나가는 능력과 자세가 갖추어지지 않았다는
증거이기도 하다.
상사의 부재는 기회이다. 상사를 대신하여 한 단계 위의 일을 배울 수
있는 다시없는 기회이다.

상사의 부재는 기다리는 시간이 아니고, 한 단계 위의 일을 배우는 기회이다.

특정 부서의 권력

조직의 힘으로 대변되는 권력을 가진 특정 부서란 애초에 없다. 단지 회사의 중요한 업무를 진행할 뿐이다. 특정 부서와 구성원이 자신이 권력을 가진 것처럼 행동한다면 시대착오적인 발상이다. 세상의 권력 또한 잠시 동안 나타났다 사라지는 거품과 같다. 거품은 시간이 지나면 이내 꺼지기 마련이고, 거품이 사라지면 모든 것을 잃고 만다. 특정 부서에 근무하는 것을 권력이라고 생각하는 사람들은 언제든지 업무와 부서가 바뀌면 모든 것을 잃게 된다. 그동안 그 힘을 앞세워 휘두른 모든 것들도 함께 사라지고 만다.

대무자

누군가 자신의 업무를 대신할 수 있는 대무자를 만들어라. 어떠한 상황에 놓이더라도 자신이 맡은 업무는 순조롭게 돌아갈 수 있어야 한다. 어느 날 갑자기 후배가 대무자의 역할을 제대로 해내기는 어렵다.

평소에 자신이 가진 노하우를 후배에게 전수하여 후배가 그 일을 충실히 해낼 수 있도록 사전에 교육을 시켜라. 뛰어난 능력은 한 사람에게만 한정되지만 뛰어난 후배를 만들면 그 능력은 계속 이어진다.

일터의 훌륭한 선배란 자신이 가진 역량을 후배에게 전수하여 자신보다 유능한 후배를 육성해내는 것이다.

자율이라는 권한

직장인들이 일터에서 원하는 것은 무엇일까?

승진이나 높은 급여가 일의 만족을 채워주는 것은 아니다. 일의 만족이란 주어진 일을 스스로의 결정과 판단에 따라 결정하고, 추진해 나가는 것이다. 일처리에 자율이 주어졌을 때 일하는 기쁨과 만족을 느낀다. 시키는 일만 하는 수동적 환경보다 스스로 판단을 내리고 결정할 수 있는 권한을 가진 능동적인 환경을 원하는 것이다.

자율이라는 권한은 누가 부여하는 것이 아니라 주변에서 신뢰와 믿음을 가지도록 스스로 만드는 것이다.

자율이란 자신의 능력을 최대한으로 발휘하는 원동력이다.

인맥관리

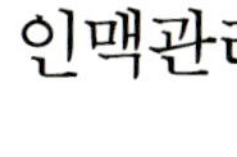

상점에서 잘 팔리는 상품은 제일 좋은 위치에 진열한다. 그 제품이 팔릴 때 그 근처에 있는 다른 제품도 덩달아 잘 팔려 나가기 때문이다.

조직에서도 유능한 인재는 중요한 업무에 기용된다. 유능한 인재는 개인이 가진 능력을 잘 발휘하는 사람일뿐더러, 내외부적인 지원을 잘 이끌어내는 사람이다. 유능한 인재들은 내부적으로나 외부적으로 인맥관리에 철저하다. 인맥을 활용하여 대내외적인 일의 효율을 높인다. 그런 인재들 곁에는 또 다른 유능한 인재들이 있기 마련이다. 유능함이란 역량과 그의 관계능력이 합쳐지는 힘이다.

유능한 일꾼은 일뿐만 아니라 내 · 외부적인 지원을 잘 이끌어내는 사람이다.

커뮤니케이션

어쩌다 한 번 멍석을 깔아 주면서 질책을 앞세우는 부서의 구성원들에게
멍석은 그 무엇보다도 어렵고 정말 견디기 힘든 자리이다.
멍석이라는 자리는 어쩌다 한 번 아량을 베푸는 자리가 아니라 아무 때나
누구나 사용할 수 있는 자리여야 이용하는 사람들이 많아진다.

이해

'이해' 란 설득과 함께 기다림이 필요한 시간여행이다.

'이해' 는 한순간에 이루어지기도 하고, 오랜 시간이 흐른 뒤 이루어지기도 한다. 그리고 죽을 때까지 한 발짝의 진전도 이루어내지 못하기도 한다.

'이해' 는 절대 강요에 의해 성사되지 않는다. 시간이라는 기다림이 필요하다. 그럼에도 시간을 줄이기 위해서 상대방에게 빨리 이해하고 받아들이길 강요하면 마지못한 이해의 뒷자리에 불만과 불신이 자라난다.

'이해'란 설득을 바탕으로 한 기다림으로 얻어내는 결과이다.

진정한 합의

'반대' 란 '내 생각과 같지 않음' 이다. 나와 생각이 다른 '반대' 가 있기 때문에 합의라는 과정을 거치는 것이다. 합의는 이해와 양보를 통해 '반대' 세력과 서로 손을 잡는 과정이다.

합의라는 과정은 의견 제시자와 반대자 양측이 어느 한쪽으로 치우치지 않는 것이 전제조건이며, 양측 모두가 만족할 때 비로소 성립되는 것이다.

합의는 '반대' 라는 거센 도전에 부딪치지만, 서로에게 이익이 아니라 만족을 가져오는 결과물이다.

합의는 의견 제시자와 반대자가 서로에게 도움이 되거나 이득을 볼 수 있는 방안이다.

시각 차이

단풍철, 사람들은 아름다운 빛깔에 반해 자연을 찾는다. 그러나 생물학적 측면에서 살펴보면 산과 들을 뒤덮는 붉은 단풍의 물결도 어찌 보면 풀과 나무의 생명이 다하고 있는 안타까운 순간인지도 모른다. 다가올 봄을 기약하고 성장을 멈춘 아픔을 참아내며 붉게 물드는 것이다. 그럼에도 사람들은 그 붉은 빛깔에만 관심이 있다. 개개인에 따라 사물을 보고 느끼는 것은 각각 다르다. 나와 다른 생각, 다양한 의견과 시각 차이를 존중해야 같이 일하는 구성원과 함께 긍정적인 결과에 도달할 수 있다.

나와 다른 생각과 의견, 그리고 시각 차이가 다양한 합리적인 틀을 만든다.

의견의 수용

"절이 싫으면 중이 떠나라."

조직 내에서 뜻이 다른 의견을 내는 사람들을 비난하는 말이다. 다른 의견과 비판을 수용하지 않고 '마음에 들지 않으면 알아서 나가라, 그대로 유지하겠다' 는 뜻이다.

내부의 의견을 수용하지 못하는 곳은 더 이상 절이 아니다. 한 사람 한 사람이 떠난 뒤에는 빈집이 되고, 결국에는 폐가가 되어 잡초만 자란다. 조직도 사람도 예외가 없다.

다른 생각과 의견을 불만으로 몰고 가면 사람이 떠난 흔적만 남는다.

대화의 무관심

상대방에게 열심히 이야기하고 있는데 아무 반응이 없다면 어떨까?

상대방에 눈을 맞추고 공감하거나 내용에 고개를 끄덕인다. 그리고 재치 있는 이야기라면 온몸으로 웃어준다.

가장 기본적인 것인데도 우리는 맞장구치는 것을 잘 못한다. 말하는 사람도 상대방의 무반응이 계속되면 더 이상 이야기를 꺼내지 않게 된다.

무관심은 커뮤니케이션의 가장 큰 적이다. 그런데도 동료나 상사를 흉보거나 비난할 때에는 리액션이 넘쳐난다.

리액션은 긍정이자 상대에 대한 친근의 표시이다.

소통의 통로

오랫동안 닫혀 있던 방 안의 공기는 혼탁하기 마련이다. 창문을 열어야만 창밖의 신선한 공기와 순환된다.

조직과 업무에 외부의 새로운 프로세스와 방식의 교류가 이루어지지 않으면 발전을 가져올 수 없다. 단지 답습과 정체만 남을 뿐이다.

아침마다 창문을 여는 이유는 밖의 신선한 공기를 방 안으로 순환시키기 위해서이다. 교류는 창이 열려야만 오갈 수 있다. 좀 더 새로워지기 위해서는 항상 소통의 통로를 활짝 열어놓아야 한다.

소통의 통로를 닫아 버리면 창의와 혁신이라는 신선함을 만나지 못한다.

세상 사람들의 선택

라디오 35년

TV 13년

아이팟 5년

인터넷 4년

페이스북 3.6년

트위터 3년

5,000만 명의 가입자를 확보하는 데 걸린 시간이다. 세상 사람들이 선택한 이유는 기기나 프로그램이 아니다. 바로 세상과의 소통이다.

세상 사람들은 지금도 소통에 목말라한다.

소통의 외면

소통(communication)의 시대에는 조직 내의 소통 못지않게 조직 외부의 소통에 관심을 기울여야 한다. 특히 조직 외부와 소통이 이루어지지 않으면 우물 안 개구리에 불과하다. 외부의 상황이나 흐름을 알지 못하면 더 이상 발전을 기대할 수 없는 폐쇄된 조직이나 마찬가지이다.

흐르지 않고 고인 물은 썩기 마련이다. 흐름을 외면하면 결국 '그들만의 잔치'로 막을 내린다. 막히지 않고 잘 통하도록 만드는 것이 바로 소통(疏通)이다. 자신이 속한 조직뿐 아니라 조직 외부와의 소통에 힘써라.

흐르지 않는 물에 생명은 자라지 않는다. 소통의 외면은 고립이다.

'설명'이라는 그릇

자신의 능력 못지않게 상대에게 설득을 잘하는 것도 능력이다. 일의 추진이나 결과에 대해 설명을 어떻게 하느냐에 따라 일의 성과는 물론이고 결과도 달라진다.

설명을 잘하는 형식이나 답안은 없다. 설명이란 형식은 물을 담는 용기와 같다. 네모이거나 세모, 또는 둥근 용기에 자신의 생각을 담는 것이다.

설명이란 자신이 이야기하자고 하는 바를 상대방이 잘 이해할 수 있도록 마음에 드는 그릇에 가장 쉽게 담아내는 표현이다.

설득을 잘하는 사람들은 상대의 마음에 들도록 설명을 담아내는 그릇을 여러 개 가지고 있다.

설득

하루 일은 크게 두 가지이다. 상대를 설득하거나 상대에게 설득을 당하거나. 설득이란 듣는 이가 나의 의견에 공감하도록 말하고, 상대가 나의 입장이 되도록 만드는 것이다.

다른 사람을 설득하는 것, 남으로부터 설득을 당하는 것도 기술이 필요하다. 상대방에게 할 말만 길게 늘어놓는 것이 아니라 상대의 말을 잘 듣기만 해도 긍정적인 답변이 나온다.

설득을 잘하는 방법은 상대의 말을 잘 들어주는 것이다.

멍석 깔아주기

"멍석을 깔아줘도 못 한다"는 말은 기회를 줘도 활용하지 못한다는 소리이다. 어쩌다 한 번 멍석을 깔아주는 기회를 주는 부서의 문화는 경직되어 있기 마련이다. 따라서 멍석 앞으로 나서는 데 실수할까 두려워 주저하고, 눈치를 볼 수밖에 없다. 멍석의 기회를 자주 제공하는 부서의 구성원들은 멍석이 깔리지 않아도 너도나도 스스로 참여한다.

어쩌다 한 번 멍석을 깔아주면서 질책을 앞세우는 부서의 구성원들에게 멍석은 그 무엇보다도 어렵고 정말 견디기 힘든 자리이다. 멍석이라는 자리는 어쩌다 한 번 아량을 베푸는 자리가 아니라 아무 때나 누구나 사용할 수 있는 자리여야 이용하는 사람들이 많아진다.

불평 잠재우기

자신과 같은 의견이 아니면 불평이라며 받아들이지 않는 조직에서는 구성원들이 발전이나 개선을 위한 아이디어를 내놓지 않는다.

표면적으로는 아무 문제가 없는 것으로 보이지만, 속으로는 작고 큰 여러 문제들이 쌓이고 쌓여, 언제 터질지 모를 풍선처럼 위태롭다. 다른 의견은 반대의견으로 변질되고 언젠가 결국 불평으로 이어지기 마련이다.

구성원의 작은 소리에도 귀를 기울이는 조직에서는 이를 수렴하여 개선의 기회로 삼는다. 이런 조직에는 불만과 불평이라는 단어가 존재하지 않는다.

공동 화제

여러 사람이 모이면 관심사가 각기 다르다. 기왕이면 모인 사람 모두가 가볍게 나눌 수 있는 화제를 만들어라. 그리고 대화에 참여한 사람 모두가 발언할 수 있게끔 배려하라.

몇몇 사람만 알고 있는 화제라면 대화에 끼지 못하는 사람들은 멋쩍고 난감하기 짝이 없을 것이다. 대화를 이끌고 있는 사람들도 의도하지 않았던 대화의 소외자를 만드는 것이다. 대화에 소외된 것처럼 기분이 상하는 일은 없다.

모인 사람 전체가 참여할 수 있는 공동 화제를 함께 나눌 때 공유가 이루어진다.

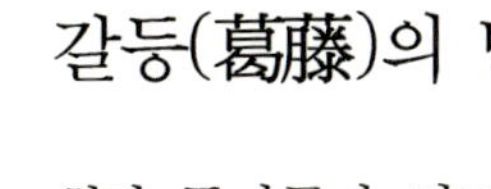

갈등(葛藤)의 발톱

칡과 등나무가 서로 얽히는 것과 같이 개인이나 집단 사이에 목표나 이해관계가 달라 서로 적대시하거나 충돌하거나 또는 그런 상태를 갈등(葛藤)이라고 한다.

논쟁이 벌어졌을 때 합의점도 없이 목청만 높아진다. 이 상태에서 더 이상 시끄러워질까 우려해 꼭 해야 할 말을 참고 다음으로 미루게 된다.

그러나 '참는다'고 문제가 근본적으로 해결되는 것이 아니다. '참는다'는 것은 불거진 문제가 잠시 수면 아래로 감춰질 뿐이다. 자신의 의사를 표현하지 않는 것은 사태의 해결이 아니라, 단지 갈등의 발톱을 감추었을 뿐이다.

소통의 기본

원활한 소통의 기술은 차량 주차와 유사하다. 주차장에 차량을 세우고 빼려면 주변에 장애물은 없는지 좌우, 전후, 그리고 상하까지 잘 살펴야 한다. 어느 것 한 가지라도 부족하다면 제대로 차량을 세우고 빼낼 수 없다.

소통은 상하좌우의 관계가 물 흐르듯 해야 한다. 조직에서 상사와 부하, 동료와의 관계에서 상하좌우가 원활한 동작을 하도록 하는 것이 소통(communication)의 기본이다.

전달능력

일을 하면서 업무 상황에 대하여 하루에도 수없이 전달받고 전달하게 된다. 글과 사진은 그대로 전달하면 되지만, 말과 행동을 그대로 전달하기란 쉽지 않다. 동전 크기만 한 일이 몇 사람을 건너가면 호박만 한 크기로 부풀려 과장되거나 좁쌀만 한 크기로 축소되는 경우는 누구나 경험했던 일이다.

있는 그대로, 사실대로 전달하는 게 여간 어려운 일이 아니다. 잘못 전달하면 본래 의도와 달리 오해와 불신을 낳기도 한다. 과장과 축소 없이 있는 사실 그대로를 전달하는 것도 신뢰를 더욱 두텁게 만드는 능력이다.

상사의 보고

보고는 일에 대한 내용이나 결과를 말과 글로 알리는 것이다. 내용도 명확해야 하지만 무엇보다도 신속하게 이루어져야 한다.

보고는 부하가 상사에게만 하는 전유물이 아니다. 상사 또한 부하에게 적절한 시점에서 보고를 해야 부서 전체의 원활한 업무가 이루어진다.

긴급한 상황에서의 보고를 비롯한 정보공유는 절차와 방식, 수단에 제약이 없어야 한다. 문서가 아닌 이메일, 문자, 그림, SNS는 훌륭한 보고수단이다.

그리고 무엇보다도 위아래의 구분이 없어야 한다. 아래에서 위 방향으로만 강요하는 보고행위는 과거 총칼과 활을 사용하던 전쟁터에서나 통하는 방식이다.

보고의 목적은 신속한 공유에 있다. 신속한 보고를 방해하는 것은 형식과 절차이다.

대화의 기법

대화는 입으로만 하는 게 아니라 온몸으로 하는 것이다. 밝은 표정으로 상대방의 눈과 마주쳐야 서로 교감을 나눌 수 있다. 교감이 이루어지면 말을 하지 않아도 상대방이 무엇을 원하는지 한 번에 알 수 있다. 아무리 좋은 내용이라도 태도나 자세가 바르지 않다면 대화는 더 이상 진행되지 않는다. 상대방을 앞에 두고 표정 없는 얼굴로 눈도 마주치지 않는다면 이야기를 나누고 싶은 마음은 싹 달아날 것이다. 대화는 입이 아닌 적절한 제스처를 섞어 온몸으로 하라.

대화는 입이 아닌 온몸으로 하는 것이다.

고객의 눈높이

고객에게 설명하는 방법은 여러 가지이다.

어떤 직원은 열심히 말로 설명한다.

어떤 직원은 설명이 적힌 매뉴얼만 건네준다.

어떤 직원은 그림이나 동영상을 보여 준다.

그리고 어떤 직원들은 종이를 꺼내어 직접 그림을 그리고, 사용법을 적어주기도 한다.

고객이 원하는 것은 어느 수단이나 방법이 아니라 정확한 이해이다.

일의 목적은 고객의 눈높이에 맞추는 것이다.

금지사항

어릴 때부터 하지 말라는 '금지' 사항을 많이 듣고 자랐다.

하지만 '금지' 해야 하는 이유에 대하여 납득할 만한 설명은 듣기 어려웠다. 이유나 설명 대신 어른들이 시키는 대로만 하라는 말만 돌아왔다.

조직 내에서도 이해가 되지 않고 불합리하다고 생각되는 '금지' 사항이 있을 수 있다. 금지사항의 이유에 대해 조직 문화, 그리고 전통을 내세워 말문을 막아 버리면 불평만 난무한다. 금지가 불가피하다면 사전에 자세한 설명과 설득을 하라.

금지사항이 문제가 아니고, 불필요한 금지사항이 문제이다.

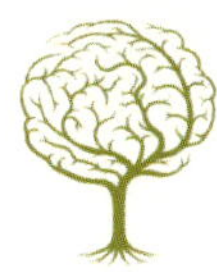

TGIF

사회를 이끄는 새로운 소통방식이 등장했다. 바로 SNS
(Social Networking Service)라 불리는 TGIF이다.

Twitter
Google
I-phone
Facebook
새로운 소통방식은 당신의 주머니에도 들어 있다.

스마트 시대의 소통은 손안에 있다.

협력의 힘

다른 반쪽을 빛냄으로써 자신이 더불어 빛나는 것이 조화이다.
누군가 늘 다른 반쪽이 나를 돋보이게 하고 있다는 것을
우리는 잘 모르고 살아간다.

조직이 원하는 인재

기업의 자산 가운데 첫 번째로 손꼽히는 것은 인재이다. 기업은 창의적이고 개방적인 사고로 조직 발전에 기여하고, 구성원과 협력을 잘해낼 수 있는 미래의 가능성이 뛰어난 인재를 선발하여 관리한다.

인재를 어떻게 관리하느냐에 따라 조직의 일처리 능력과 성과가 달라진다. 구성원 각 개인의 창의력 발휘에 따라 조직 전체의 성공 여부와 미래가 달려 있다. 인재개발과 육성에 심혈을 기울이는 이유는 바로 이 때문이다.

조직이 원하는 인재는 창의적이고 개방적인 사고로 무한한 가능성을 발휘하는 사람이다.

일터의 능력자

조직에서 한 개인의 능력이 아무리 뛰어나다고 해도 최고의 가치는 아니다.

때때로 능력보다도 더 큰 힘을 발휘하는 것은 협력이다. 아무리 능력이 뛰어나다 해도 동료들의 지원이 없다면 빛을 발하기 어렵다. 어려운 일이 있을 때 따뜻한 도움으로 협력해주는 이들이 바로 동료이다.

자신을 이해하고 지지해주는 협력자들은 어느 한순간에 만들어지지 않는다. 일터에서 진정한 능력자란 뛰어난 능력을 가진 사람이 아니라 나 자신을 지지해주고 도와주는 동료를 많이 가진 사람이다.

참여 자세

변화는 능력과 아무런 관계가 없다. 바뀌는 것이 두려운 사람들은 작은 변화에도 주저한다. 반면에 새로운 것을 추구하는 이들은 변화에 앞장서서 받아들인다. 변화를 결정짓는 것은 스스로 참여하는 자세에 달려 있다.

무엇보다도 자신은 한발 비켜서서 다른 사람들만 변화하기를 바라는 것이 가장 큰 실패의 원인이다.

공생관계

한강 하구 장흥습지 버드나무 군락지에는 말똥게가 살고 있다. 말똥게는 버드나무와 밀접한 관계이다. 그들이 살고 있는 한강 하구는 해마다 장마철에 물에 잠겼다가 드러나면서 땅바닥이 딱딱하게 굳어 버린다. 말똥게는 버드나무 뿌리가 있는 땅속으로 구멍을 파고 들어가 토양을 비옥하게 만든다. 버드나무는 말똥게가 살아가는 삶의 터를 제공하고 말똥게는 그 땅을 비옥하게 일구기 때문에 서로 의지하고 살아가는 공생관계이다. 전혀 어울릴 것 같지 않은 두 대상이 살아가는 데 서로에게 꼭 필요한 존재이다.

좋은 공생관계의 구성인자는 정해진 것이 아니라 우리가 살아가는 어느 곳에서나 존재한다. 다만 그것을 모르고 간과할 뿐이다.

섶다리

시대의 변화로 지금은 사라져 보기 힘든 섶다리. 섶다리는 깊은 강물에 나무를 얼기설기 엮어 임시로 만든 다리이다. 차량은 물론이고 손수레도 건널 수 없을 정도로 폭이 좁아 겨우 사람 한 명만이 건널 수 있다. 다리 중간에서 반대편에서 오는 사람을 만나면 조심스럽게 자리를 비켜줘야 한다. 양보의 미덕이 없으면 건너기 힘들다.

강 건너 마을을 찾는 이들의 발목이 젖는 것을 막기 위한 임시방편으로 세운 섶다리는 남을 위한 배려의 마음이 깃든 다리이다.

내 주변에 있는 동료들을 위해 나는 어떠한 섶다리를 만들고 있는가?

양보와 배려의 미덕이야말로 경쟁력을 지원하는 든든한 밑거름이 된다.

반쪽

반쪽만으로는 제 역할을 하지 못하는 게 있다. 자물쇠와 열쇠, 바늘과 실, 낮과 밤 등 짝이라는 조합이 되어야 제 구실을 할 수 있다. 짝을 이루는 것은 헤아릴 수 없이 많다. 체조를 하는데 음악이 없다면 어떻게 될까? 리듬 없이 율동을 맞추기란 결코 쉬운 일이 아니다.

한쪽에만 치우치는 것은 상호관계의 연관성을 무시하는 일이다. 다른 반쪽을 빛냄으로써 자신이 더불어 빛나는 것이 조화이다. 누군가 늘 다른 반쪽이 나를 돋보이게 하고 있다는 것을 우리는 잘 모르고 살아간다.

짝은 이루면 어느 반쪽이 아닌 서로를 빛나게 해준다.

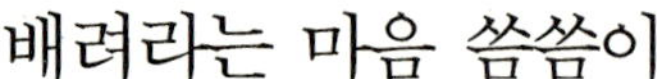

배려라는 마음 씀씀이

개울가 징검다리 돌을 놓을 때 돌덩이의 간격을 보폭이 큰 어른에 맞추지 않는다. 아이들을 비롯하여 아녀자나 노인들 누구나 건널 수 있을 만큼의 간격으로 돌을 놓는다. 그리고 불어난 물에 돌무더기가 수시로 잠기거나 떠내려가지 않도록 관리하는 배려가 숨어 있다.

징검다리는 결코 자신만을 위한 것이 아니다. 마을을 찾아오는 사람 누구나 개울가 징검다리를 건널 수 있음은 의무도 책임도 아닌 바로 배려의 마음이다. 주변 사람이나 동료가 말을 하지 않더라도 건너기 힘들어하는 개울가 중간에 발 디딜 돌덩이를 하나 놓아주자.

협의와 합의

'협의' 와 '합의' 는 비슷해 보이지만 결과적인 측면에서 엄연히 다르다. '협의' 란 여러 사람이 모여 서로 의논하는 것이고, '합의' 란 서로의 뜻이 일치하는 것이다.

합의를 이끌어내기 위해 협의에 많은 시간을 투자한다. 하지만 합의에 도달하지 못하고 그저 시간만 축낸 소모적인 협의로 끝내는 경우가 더 많다. 협의란 합의를 위한 전 단계이며 합의를 전제로 하지 않은 협의는 아무런 의미가 없다. 협의가 있으면 반드시 합의를 이끌어내라. '협의' 는 합의를 이끌어내는 지렛대이다.

작용과 반작용

운전을 처음 배울 때 주행보다 정지하는 방법에 대하여 중점적인 교육이 이루어진다. 안전과 사고방지를 위해서이다. 비행기 조종사 또한 하늘로 나는 이륙보다도 착륙에 더 긴장한다. 의사는 어려운 수술보다도 수술 후 환자의 후유증을 더 염려한다. 작가는 글을 쓰는 것보다는 출판 후 독자의 반응을 더 무서워한다. 제품과 서비스를 출시하는 기업은 소비자의 반응에 귀를 기울인다. 작용과 반작용은 각기 독립된 별개의 것이 아니라 하나의 동작을 이루어내는 연속적인 작용이다.

작용과 반작용은 독립된 별개의 것이 아니라 연속적인 동작이다.

레가토(legato)

음과 음 사이를 끊지 말고 원활하게 연주하라는 기호가 바로 레가토(legato)이다. 레가토는 서로 다른 음과 음을 이어주는 연결고리이다.

아무리 아름답고 뜻이 좋은 단어라 해도 그런 단어들을 골라 나열만 한다고 좋은 문장, 좋은 글이 되지 못한다. 이들 단어와 단어를 연결하여 문장을 만들고, 문장과 문장을 연결하여 의미 있는 뜻을 담아야 좋은 글이 된다.

레가토(legato)란 한 가지가 아닌 여러 개를 모아 새로운 것을 창조하는 연결고리이다. 세상을 살아가는 지혜는 각기 다른 서로를 이어주는 연결, 바로 레가토이다.

하나하나의 연결이 새로운 것을 창조하는 연결고리이다.

동료관계

비가 온 후 차량에 달라붙은 젖은 낙엽처럼 처량한 신세도 없다. 햇빛에 습기가 마르면 그대로 떨어지고 만다.

동료관계가 원만하지 않으면 차량에 달라붙은 젖은 낙엽과 같다. 바람이 조금만 불어도 떨어져 흩어지고 만다. 동료와의 관계가 좋으면 주변에 사람들이 많이 모인다. 어려운 일이 있으면 그들이 기꺼이 앞장서서 도와준다.

먼저 다가서지 않으면 만날 수 없는 게 관계이다. 좋은 일, 어려운 일을 가리지 않고 동료들이 모이게 하는 자가 되라. 바람직한 구성원이란 조직이라는 나무줄기에서 더불어 성장하는 푸른 잎이다.

동료란 같이 일하는 사람이 아니고 더불어 성장하는 존재이다.

괜찮은 직장인 되기

생활의 자세
예의와 예절

생활의 자세

실제 모습을 감추고 볼록거울과 오목거울에 비친 왜곡된
모습을 보여 주는 이들이 종종 있다.
자신이 없거나 당당하지 못할 때 이러한 거울을 찾는다.

'바쁘다' 는 핑계의 결과

너 나 할 것 없이 '바쁘다' 는 말을 입에 달고 산다. 사소한 일을 핑계 삼아 '바쁘다' 며 다음으로 미루게 된다. 상대의 부탁과 요청에 '바쁘다' 는 말은 사실상 거절의 의미이다. 버릇처럼 '바쁘다' 는 말은 거절에 그치지 않고, 교류의 단절로 이어진다.

가장 어리석은 것 중 하나가 '바쁘다' 는 이유로 오랜 친구를 등한시하다가 잃어버리는 것이다. 오늘도 '바쁘다' 는 핑계는 소중한 무엇인가를 잃어버리고 있는 것이다. '바쁘다' 는 말은 사실 습관적인 입버릇에 불과할 뿐이다.

정말 늘 바쁜 것인가? 습관적으로 하는 '바쁘다'는 말은 시간 관리의 실패이다.

술자리의 대화

퇴근 후 삼삼오오 모임이나 술자리에 참석하는 경우가 있다. 술자리에서 때로는 주로 상사의 흉을 보거나 같이 일하는 동료를 안주로 삼기도 한다. 술자리에서 나눈 대화일수록 다른 사람에게 빨리 퍼진다. 결국에는 화제에 올렸던 인물에게도 뒷말로 전해지고 만다. 심심풀이로 꺼냈던 이야기가 다른 사람에게 더 큰 스트레스를 안겨주는 꼴이다.

술자리에서 꺼낸 이야기는 두고두고 자신의 발목을 잡는 화근으로 남을 가능성이 크다. 남의 흉을 보는 술자리는 본인뿐 아니라 다른 사람들까지 수습할 수 없는 곤경에 빠트린다.

술자리에서 오간 험담은 말했던 사람도 기억을 하는 사람이 있을까 두려워한다.

사용하기 나름

독초는 꽃이 화려하여 사람들의 시선을 붙잡는다. 해마다 봄철이면 독초와 산나물을 혼동하여 식중독 사고가 발생하거나 심지어 사망하는 일도 벌어진다.

독초는 아무런 쓸데없는 식물인가? 결코 그렇지 않다. 독초도 약리성분을 가진 엄연한 약용식물이다. 사용하기에 따라 사람의 몸에 이로운 약으로 쓰인다. 잘못 섭취했을 때 사고의 위험성이 크기 때문에 독초라 불릴 뿐이다.

무엇이든 아무런 쓸 데가 없는 것은 세상에 없다. 어떠한 사물에 대하여 '좋은 것', '나쁜 것'으로만 단정 짓는 것도 고정관념이다. 사람도 일도 여건도 사용하기 나름이다.

생각의 샘터

기억이라는 것은 한계가 있다. 복잡한 여러 가지를 머릿속에 가두어 두면 쉽게 잊어버리고 만다. 문득 떠오르는 새로운 생각을 정리하기 위해서는 복잡한 머릿속 생각을 비워내야 한다. 비워낸다는 것은 그만큼 버리고 단순화시킨다는 뜻이다.

메모를 활용하면 머릿속의 복잡한 일이나 그리고 잊음으로 발생하는 난감한 상황의 위기에서 벗어나게 해준다.

창의적인 생각이 언제든 샘솟을 수 있도록 생각의 샘터인 머릿속을 비워놓는 습관을 가져라.

평생의 동반자

자신이 좋아하는 일을 평생 할 수 있다면? 누구나 바라는 일이다. 그러나 전혀 불가능한 일도 아니다. 취미는 시간적 제약이 따르지만 평생 즐길 수 있다.

일밖에 모르는 사람에 비해 취미를 가진 사람은 여가를 알차게 보내고 시간 활용의 만족도 또한 높다. 사무실 일벌레들은 단지 일하는 시간에만 즐거움을 느낄 뿐이지만 취미를 가진 이들은 일과시간뿐 아니라 일이 끝난 후에도 즐거움을 누린다.

취미란 어떠한 것이든 즐거운 일이며, 평생 함께할 수 있는 동반자이다.

기록

우리가 하는 일은 모두 흔적이 남는다. 자기 자신이 기록하지 않아도 누군가에 의해 기록으로 남는다. 인터넷에 무심코 올린 글이나 전화 사용내역은 물론이거니와 길거리를 오간 행적까지도 자신도 모르는 사이에 CCTV에 기록으로 남는다. 과거의 기록으로 옳지 못한 행동이 뒤늦게 밝혀져 곤란을 겪는 일도 일어난다.

분명한 것은 누군가 지켜보는 이 없다 해도 지금 이 순간 내가 행한 일들은 더 이상 비밀이 아니다. 다만 나 스스로가 올바르고 당당하면 될 뿐이다.

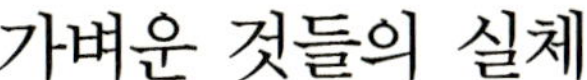

가벼운 것들의 실체

사람들은 크고 무거운 것에 눈독을 들인다. 작고 가벼운 것은 어지간해선 눈길조차 주지 않는다. 그러나 가벼운 존재는 그 숨겨진 이면이 더 무섭다.

솜털처럼 가벼운 눈도 엄청난 힘을 가지고 있다. 강원도 산간에 폭설이 내리면 나무 밑동째 부러진 소나무가 산등성이에 널려 있다. 눈의 무게를 견디지 못하고 부러지고 마는 것이다. 솜털처럼 가벼운 눈에 불과하지만, 솔가지에 눈이 쌓이면 아름드리 소나무도 견딜 재간 없이 부러뜨리는 엄청난 힘을 가지고 있다.

가벼운 것들의 진정한 실체는 시간이 흐를수록 더 큰 힘과 위력을 발휘한다.

가벼운 것들에 불과해도 힘을 합하면 엄청난 위력을 만들어낸다.

희생하는 존재

몇 해 전 벤처업계의 신화로 불리는 한 인터넷 회사의 CEO가 수억대의 연봉과 명예를 뒤로하고 경영 일선에서 물러난 일이 있다. 그가 밝힌 사임 이유는 사랑하는 가족과 더 많은 시간을 보내기 위해서였다.

대학을 졸업하고 사회에 나와 25년이란 세월을 앞만 보고 뛰어왔는데 어느 날 생각해보니 자기 자신이 '일중독'에 빠져 가장으로서의 역할을 전혀 하지 못했다. 사회적으로 성공했지만 무엇보다 소중한 가족과 함께 시간을 보낸 적이 거의 없었다는 뒤늦은 후회 때문이었다.

가족은 희생하는 존재가 아니라 행복의 원천이다.

일터에서 일하는 이유는 바로 자신과 사랑하는 가족의 행복을 위해서이다.

좋지 않은 이야기

시각, 청각, 후각, 미각, 촉각이라는 오감(五感) 중에서 청각처럼 수동적인 것도 없을 것이다. 추악한 장면은 보고 싶지 않으면 잠시 눈(目)을 감고 고개를 돌릴 수도 있다. 하지만 귀(耳)는 듣기 싫은 소리에 두 손으로 막아도 별 소용이 없다.

소리는 촘촘한 그물망에도 걸리지 않는 모래알과 같이 아무런 제약 없이 오간다. 좋지 않은 소문일수록 사실 여부와 관계없이 거침없는 불길처럼 퍼지고, 아무런 여과 없이 그대로 귀에 들어오고 만다.

남에게 들은 좋지 않은 이야기를 또 다른 사람에게 전하지 마라. 자신이 한 말에는 늘 책임이 따른다.

결과우선주의

과정을 무시하고 결과만을 우선하는 것. 이런 접근은 아주 위험한 발상이다. 과정을 생략한 방법이 때때로 통하기도 한다. 하지만 이런 결과우선주의는 과정을 건너뛰어야 하기 때문에 편법과 아부라는 부작용을 일으킨다.

얻고자 하는 것이 곡식이라면, 적절한 시기에 씨를 뿌리고, 거름을 주고, 잡초도 뽑고, 키워야 한다. 그리고 수확할 시기를 정해 곡식을 거두어야 할 것이다. 그런 사실을 잘 알면서도 씨 뿌리지 않고, 거름을 주지도 않고, 잡초도 뽑지 않고, 오직 곡식만을 거두려는 미련함 때문에 사람들은 행복하지 않다고 생각한다. 과정이란 결과를 잉태하는 자양분이다.

공간의 효율성

효율적인 공간은 발 디딜 틈 없이 물건으로 꽉 채워놓은 장소가 아니다. 그런 곳은 공간으로서의 가치가 없는 그저 보관 창고에 불과하다.

효율적인 공간이란 무엇보다도 시설물과 물품의 배치가 이용자의 편의에 초점을 맞추어 사람이 편히 오갈 수 있는 동선이 마련되어, 즉 일하는 데 아무런 지장이 없는 공간이다.

물 잔에 물을 가득 채우면 조금만 움직여도 물이 넘쳐 바닥에 흘리고 만다. 공간의 효율성은 가득 채우는 것이 아니라, 움직임이 편하도록 만드는 게 우선이다. 공간의 효율은 여백의 미학이다.

보이지 않는 실체

구슬픈 음색을 내는 '테레민(Theremin)' 이라는 악기가 있다. 테레민의 특징은 음을 만들어내는 건반도, 현(絃)도 없다는 점이다. 악기를 연주하는 모습은 마치 허공에다 손을 휘젓고 있는 듯한 모양새이다. 하지만 섬세한 손동작에 따라 높고 낮은 음색이 흘러나온다.

눈에 보이지 않지만 현(絃)이 허공에 존재하는 악기이다. 과학적인 원리는 고주파 발진기의 간섭에 의해 생기는 소리를 이용한 신시사이저이다.

사람들은 '눈에 보이는 것' 만 믿는다. 눈에 보이지 않으면 그 실체를 인정하지 않으려 한다. 보이는 것들은 과학적인 기준에 의해 분석하거나 숫자를 동원하여 철저한 계산으로 수치를 확인하면서도 눈에 보이지 않으면 믿지 않으려 한다.

조급함

목적지로 가는 길이 평탄할지 예상하기 어렵다. 직진과 좌회전, 우회전으로 방향을 바꾸거나, 길이 막혀 오던 길을 되돌아가는 U턴을 해야 하는 경우도 있다. 그리고 교통신호에 걸려 기다려야 하는 상황도 수시로 만난다.

경우에 따라 자전거와 승용차를 이용하는 것보다 걸어서 가는 것이 더 빠를 때가 있음에도 조급함이 때때로 일을 망친다. 10km 떨어진 거리를 빨리 가려고 15km의 거리의 공항을 찾는 것처럼 조급함은 일을 망치는 원흉이다.

순간을 참지 못하고 곧 후회하는 것처럼 어리석은 일도 없다.

자신에게 보내는 격려

함께 더불어 사는 사회이기에 대인관계는 그 무엇보다도 중요하다. 타인과의 관계 개선을 위해서는 많은 노력을 기울면서도 정작 자신에게는 관심을 가지지 않는다.

지금 이 순간 가장 관심을 가지고 격려해주어야 할 사람은 바로 나 자신이다. 거울에 비친 나를 바라보면서 격려라는 자기 최면을 걸어 보자.

"잘하고 있다."

"열심히 살고 있다."

"더 좋은 일들이 내게 일어날 것이다."

자신을 믿지 못하면 그 무엇도 해내지 못한다. 무엇이든 해낼 수 있다고 자신부터 격려하라.

열정

누구나 마음속에 열정을 가지고 살아간다. 무엇인가를 꼭 이루기 위해 열정을 계속 이어가는 사람이 있고, 반면에 마음에만 묻어 두고 사는 사람이 있다. 가슴속에서 아직 꺼내지 않고 묻어둔 열정은 그저 한때의 부질없는 소망으로만 남을 뿐이다.

열정은 하고자 하는 것을 끝까지 이루어내는 데 그 의미가 있다. 지금이라도 생각난 가슴속 열정이 있다면 이제라도 꺼내어 이루자.

열정이란 목표를 이루기 위해 인내와 고통의 한계까지 아낌없이 쏟아붓는 행동이다.

열정은 내가 생각한 것을 꺼내어 행동하는 것이다.

배우는 습관

'세 살 버릇 여든까지 간다'는 말이 있듯 잘못된 습관은 고치기 어렵다.

거리에서 우측 보행이 더 쉽다는 것을 알면서도 잘 실행하지 않는다. 고쳐야 할 잘못된 것들임에도 어릴 때부터 오랜 시간 좌측 보행의 습관 때문에 무의식적인 반응을 보이는 것이다.

나쁜 습관은 쉽게 길들여지지만, 좋은 습관은 좀 더 노력하고 연습해야 몸에 익숙해진다. 바른 습관은 길들이는 것이 아니라 새롭게 배우는 것이다.

상황을 더 어렵게 만드는 것은 무심코 행하는 잘못된 습관이다.

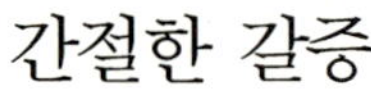

간절한 갈증

무거운 배낭을 메고 산에 오르면 이마에 땀이 흐르고 목이 마른다. 산모퉁이에서 만난 샘터에서 마시는 물 한 모금의 맛은 시간이 흘러도 오래도록 기억에 남는다.

집이나 산에서 마시는 물은 같아도 느낌이 다른 것은 무엇 때문일까? 그것은 바로 간절한 마음이 있고 없음에 따라 좌우되기 때문이다.

주변에서 목마른 갈증으로 도움을 청하는 자가 있다면 기꺼이 샘터의 물이 되라. 그 물 한 모금의 가치는 시간이 흘러도 오래도록 기억에 남는다.

간절함이란 바라고 있는 단 한 가지이다.

평소의 표정

자신의 사진이 잘 나오지 않는다는 사람들이 의외로 많다. 사진을 촬영할 때 억지로 웃어 보지만 인화된 사진을 마주하면 어딘가 어색함을 감출 수 없다.

자신의 사진이 잘 안 나온다는 말에 사진촬영 전문가들의 말은 한결같다.

"사진은 있는 사실 그대로를 정확하게 표현할 뿐이다."

사람들과 매일 마주하는 평소의 표정이 어떠한지 자신만 모를 뿐이다. 평소에 잘 웃지 않기 때문이다.

가장 잘 아는 것이 자기 자신이지만, 가장 모르는 것 또한 자기 자신이다.

관계 유지

바쁘다는 탓으로 주변 사람들에게 연락마저 제대로 하지 못하고 지낼 때가 있다. 시간이 지날수록 연락하기가 멋쩍어진다.

집에서 기르는 화초들도 정성껏 돌보지 않으면 시들해져 말라 버린다. 자주 들여다보고, 물도 주면서 애정을 가지고 관리를 해주어야 화초도 잘 자란다.

사람의 관계도 평소에 화초처럼 돌보는 관리가 필요하다. 평소 안부전화라는 거름을 만들고, 가끔씩 짧은 문자 한 통을 주고받는 교류의 정을 키워야 돈독한 관계가 유지된다.

즐거움의 묘약

유머는 생활의 활력이다.

촌철살인의 말 한마디와 몸짓만으로도 웃음과 즐거움이 넘치게 한다. 유머는 깜짝 선물이다. 햇살에 반짝이는 물결처럼 싱그럽고, 바닷가에서 생각지 않게 주운 소라껍질의 만남처럼 반갑다.

유머가 분위기를 밝게 만들고, 일의 활력에 미치는 파급력은 엄청나다. 즐거움의 묘약인 유머는 항상 밝고 재미있게 살아가는 사람들이 지닌 훌륭한 자산이다.

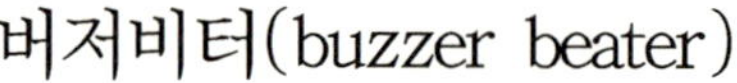

버저비터(buzzer beater)

농구경기의 묘미는 버저비터(buzzer beater)이다. 버저가 울리면 경기는 끝나지만 그 순간 숏한 볼이 선수의 손을 떠나 골 안으로 들어가면 득점이 인정된다.

버저비터로 역전이 되는 경우가 종종 있다. 게임에서 근소한 차이로 지고 있다가 종료를 알리는 버저소리와 함께 승패가 갈릴 수 있기 때문에 버저비터만큼 숨 막히는 순간은 없다.

버저비터는 농구경기에서만 일어나지 않는다. 우리의 일상에서도 수없이 일어나는 일이다.

버저비터(buzzer beater)는 최선이 빛을 발하는 순간이다.

선택의 구분

살아가면서 매 순간 끊임없이 선택을 하게 된다. 사람들은 '좋은 선택'과 '나쁜 선택'만으로 구분한다. 하지만 선택을 하는 데 좋고 나쁨이 없다. 옳고 그름 또한 존재하지 않는다. 선택은 자신에게 잘 어울리는 옷을 고르는 것과 같다. 자신의 몸과 취향에 맞는 것이 제대로 된 선택이다. 제 아무리 최선의 선택이라도 자신에게 맞지 않으면 아무런 쓸모가 없다. 선택이란 자신에게 얼마나 잘 어울리며, 미래의 나 자신에게 얼마나 도움이 되느냐의 가치이다.

자신의 결정을 후회하지 않는 게 선택의 조건이다.

스스로 가꾸는 공간

가장 편안한 휴식시간을 보내는 사람은 일터에서 어느 누구보다도 땀 흘려 일한 사람이다. 작은 일에도 행복을 느끼는 사람 또한 어려움을 겪어내면서 모든 이에게 감사할 줄 아는 사람이다. 직장 생활에서 기쁨과 즐거움을 느끼는 사람 또한 힘들고 어려운 상황에서도 역경을 이기는 방법을 배운 사람들이다.

즐거움과 기쁨, 그리고 행복이란 누가 만들어주거나 저절로 찾아오는 행운이 아니라 스스로 느끼고 가꾸어 나가는 마음의 공간이다.

즐거움과 기쁨, 그리고 행복이란 운 좋은 사람들이 차지하는 것이 아니라 스스로 만드는 것이다.

배움과 실행

도덕과 예절은 몰라서 못하는 것이 아니다. 살아가면서 지켜야 할 것의 대부분은 이미 학창시절에 다 배웠다. 다만 어떻게 실천하느냐만 남아 있다. 문제는 몰라서 못하는 것이 아니라 알면서도 안 하는 것이다. 행동으로 옮기지 않는 배움이란 언제든지 무너질 수 있는 그저 모래성에 불과하다. 알면서도 안 하는 것은 자기 스스로를 게으름과 비난으로 빠져들게 할 뿐이다.

실천이 없는 지식이란 열쇠를 잃어버린 자물쇠나 마찬가지로 아무 데도 쓸데없는 무용지물이다.

배움과 지식이란 쌓아두는 장식품이 아니다.

메모의 장점

머릿속 생각은 시간이 지나면 쉽게 잊히고 만다. 메모의 힘은 기억력의 보완재이다. 비록 비뚤어진 글씨 몇 자에 불과할지라도 생각을 메모로 정리하면 중요한 기록으로 거듭 발전한다. 우등생의 수업 비법노트, 노하우가 담겨 있는 업무노트, 우수 영농인의 영농일지는 머릿속 생각을 메모로 옮기는 행동으로부터 시작된다.
문득 떠오르는 생각, 그리고 궁금한 점을 메모할 당시에는 아주 하찮은 것일지라도 시간이 흐른 뒤 기록이라는 훌륭한 자원이 된다.

덕지덕지 붙은 메모지와 여러 번의 수정으로 너덜너덜하도록 헤진 노트는 그의 열정을 말한다.

인연

하루에도 적게는 몇 명에서 많게는 수십 명에 이르는 수많은 사람들을 만난다. 잠시 잠깐 만났던 사람이 떠난 빈자리와 물건 하나에도 그 사람의 이미지가 남는다. 좋은 이미지라면 반가움과 고마움, 그리고 그리움의 향기이다. 그렇지 않다면 빨리 잊거나 그가 남긴 흔적을 지우고 싶어 한다.
만났던 사람들의 그리움과 향기가 바로 인연이다. 그동안 내가 만난 수많은 사람들에게 나는 어떤 향기를 남겼을까?

만나는 것은 잠깐이지만 오래도록 남는 것은 이미지이다.

귀찮음이란 존재

귀찮음을 방치하지 마라. 귀찮다고 생각하면 그 일을 미루게 된다. 따라서 귀찮은 일들이 세상에서 가장 어려운 일이 되고 만다.

귀찮음을 방치하는 증세가 오래 지속되면 병이 된다. 단순히 귀찮음에서 그치지 않고 자신의 역할을 제대로 해내지 못하는 병은 어느 누구도 고치기 힘든 위험천만한 병이다. 나태함에서 발병하는 그 병은 오로지 자기 자신만이 고칠 수 있다.

미루고 있는 귀찮은 일들이 세상에서 가장 어려운 일이다.

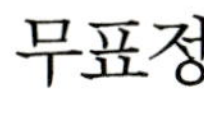

무표정

처음 만나는 사람들은 상대의 표정부터 살핀다. 표정은 상대방을 판단할 수 있는 모든 것이다. 얼굴을 보고 이성의 친근한 이미지를 판단하는 데 0.013초밖에 걸리지 않고, 첫인상을 판단하는 데 걸리는 시간은 단 1분에 불과하다고 한다. 단정한 외모와 얼굴 표정이 밝은 사람한테 호감이 갈 수밖에 없다.

식물학자들은 식물도 좋고 나쁨의 반응을 보이며, 그들만의 고유한 표정을 가지고 있다고 주장한다. 무표정한 것처럼 슬픈 일도 없다. 거울을 보라. 바로 나 자신부터 바쁘다는 핑계로 표정을 잃어가고 있는지 거울을 바라보라.

거울을 보라. 호감은 표정이 좌우한다.

스스로의 선택

주어진 시간을 의미 있는 일로 채우는 사람은 시간의 소중함을 아는 사람이다.

진정한 행복을 느끼는 사람은 역시 작은 것들의 소중함을 아는 이들이다. 작은 일에도 기쁨과 감사함을 느끼는 사람은 스스로 행복을 만들어 간다. 어쩔 수 없는 몇 가지를 제외하고는 기쁨과 즐거움, 슬픔과 우울함은 타인에 의한 것이 아니라 자신의 선택에 달려 있다.

기쁨과 즐거움은 누가 주는 것이 아니라 매 순간 스스로 선택하고 결정하면서 만들어 나가는 것이다.

지금 이 상황은 누구의 탓도 아닌 스스로의 선택에 따르고 있는 것이다.

발과 같은 존재

우리의 신체 중에서 평소에 아무런 관심을 갖지 않는 부위는 아마도 발일 것이다. 얼굴은 하루에도 몇 번씩 거울을 들여다보지만 발은 냄새 나고 더러운 곳이라는 생각에 평소 무관심하다. 밖으로 노출되는 얼굴이나 손에 비해 관심을 덜 받는 게 사실이다. 누가 관심을 주지 않아도 맡은 바 묵묵히 제 역할을 다하는 발과 같은 존재들이 많으면 많을수록 조직과 사회는 건강해진다. 행동으로만 보여주는 발과 같은 존재가 되라.

관심을 주지 않아도 맡은 바 묵묵히 제 역할을 다하는 존재들이 오늘을 만들어 가는 원동력이다.

스스로 얻는 답

'산에 오르는 이유'는 아주 오랫동안 소모적인 논쟁거리로 남아 있다.

어쩌다 한번 산에 올랐던 사람들은 "내려올 것을 굳이 왜 힘들여 올라가나?"라고 묻는다. 이 질문에 명확하게 설명하기란 쉽지 않다.

산에 자주 오르는 사람들은 대답 없이 피식 웃고 만다. 어떠한 말로도 이해시킬 수 없는 일이다. 산에 자주 올라가봐야 그 질문에 대한 답을 스스로 얻을 수 있기 때문이다. 궁금한 게 있으면 스스로 답을 구하라.

궁금한 답을 얻는 확실한 방법은 스스로 깨닫는 것이다.

가치

일반적으로 작은 것보다는 큰 것에 가치를 둔다. 그래서 작은 것보다는 큰 것을 아끼게 된다. 큰 것과 작은 것의 차이는 크기의 개념이지만, 가치의 개념으로 볼 때 문제는 달라진다. 큰 호박을 아끼기 위해 작은 참깨를 푼돈처럼 사용하는 것처럼 어리석은 일도 없다.

명분과 체면을 위해 실속보다는 규모의 크기를 선택하는 경우가 종종 있다. 이는 값비싼 참깨보다 실속 없는 큰 호박을 선택하는 것과 같다.

실속은 크기가 아니라 가치에 달려 있다.

휴일

일터에 나가 일하지 않고, 종일 온전하게 나만의 시간을 즐길 수 있는 날이 휴일이다.

2013년 주 5일 근무기준으로 법정 공휴일과 국경일을 합쳐 휴일 수는 116일이다. 여기에 여름휴가까지 합치면 일 년에 최소 120일에서 130일까지 휴일을 즐길 수 있다. 일 년 365일 중 1/4에 해당된다. 결코 적은 시간이 아니다.

이 기간에 자신이 하고 싶은 취미를 즐기거나 공부에 투자하는 것만으로도 충분히 전문가가 될 수 있다. 시간이 없다는 것은 핑계이다.

휴일에 시간을 어떻게 보낼 것인가에 대한 계획이 없는 사람들에게 휴일이란 단순히 쉬는 날에 불과하다.

예의와 예절

골동품은 긴 세월 조심스럽게 다루어 왔기에 가치를 인정받듯
좋은 대인관계 또한 오랜 시간 서로가 믿음과 존중으로 이어지는 것이다.
대인관계는 사려 깊고 조심스럽게 다루어야 할 유리그릇과 같다.

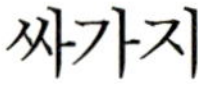

싸가지

기원전부터 젊은이들의 철없는 행동에 대하여 어른들은 '말세' 라고 지탄했다는 기록이 있다. 오늘날에도 윗사람들이 젊은 직원을 비난할 때 '싸가지 없다' 고 표현한다.

본래 '싸가지' 는 '싹수' 라는 좋은 의미이다. '싸가지 없다' 는 것은 '싹수가 없다' 는 말이다. 즉, 나무나 풀의 새싹이 잘못되어 제대로 자라지 못하고 망가지게 되었다는 뜻이다. 말하는 입장에서나 듣는 입장에서 이처럼 부정적인 뜻을 가진 단어도 없을 것이다.

굳이 '싸가지' 에 숨어져 있는 의미를 따져 보자면 '예의' 일 것이다. 예의가 실종된 곳에서 부정적인 '싸가지' 의 존재가 자란다.

'싸가지'는 미래의 가능성이자 희망이다.

불성실한 태도

회의나 토론을 할 때 서로의 의견이 맞지 않아 분위기가 험악해지는 경우가 있다. 결국에는 토론이 제대로 이루어지지 못하고, 합의점도 찾지 못한 채 뒤돌아 상대를 비난하게 된다.

시간을 가지고 다시 이야기를 풀어 가다 보면 본질의 문제는 다른 데 있다. 정작 대화의 내용이 아니라 상대방의 태도에 기분이 상해 감정으로 치달았던 것이다.

각자가 생각하는 것이 다를지라도 상대방이 기분 상하지 않게 의견을 전달할 수 있는 기술이 바로 성실하고 진지한 태도이다.

내용의 본질보다도 불성실한 태도가 다툼에 가까운 논쟁을 만들어낸다.

유리그릇 같은 대인관계

유리그릇이나 도자기는 단 한 번만 잘못 다루어도 깨져 버린다. 대인관계 또한 마찬가지이다. 사람은 누구나 쉽게 친해질 수 있지만 그 뜻을 한평생 함께하기란 쉬운 일이 아니다. 신의를 저버리는 행위는 단 한 번의 실수일지라도 원래의 상태로 되돌리기 어렵다. 골동품은 긴 세월 조심스럽게 다루어 왔기에 가치를 인정받듯 좋은 대인관계 또한 오랜 시간 서로가 믿음과 존중으로 이어지는 것이다. 대인관계는 사려 깊고 조심스럽게 다루어야 할 유리그릇과 같다.

깨진 유리그릇을 원래대로 되돌릴 수 없듯이 대인관계 또한 한번 어긋나면 회복이 어렵다.

인격의 품위

품위란 사람이 갖추어야 할 위엄과 기품이다.

사람들은 품의를 지키기 위해 많은 시간과 비용을 투자한다. 옷을 잘 갖춰 입고 좋은 차를 타고 다닌다고 품위가 지켜지는 것은 아니다. 품위를 돋보이게 치장하는 값비싼 제품은 엄밀히 말해 경제력의 과시에 불과할 뿐이다.

품위는 인격에서 나오는 것이지 결코 치장으로 꾸며지지 않는다. 사람들이 고개를 끄덕이며 존경심을 가지는 것은 겉모습이 아니라 품격 있는 언어와 신사다운 행동이다.

품위의 요건은 겉모습이 아니라 말과 행동이다.

옷차림의 예의

옷차림은 예의이다. 장소에 따라 어울리도록 가려 입어야 한다. 입사 면접시험에 청바지와 반팔 티셔츠 차림이라면 결과는 뻔하다.

장소와 상황에 어울리는 옷차림은 보는 이로 하여금 분위기를 돋보이게 만든다. 반대로 어울리지 않는 옷차림은 보는 이에게 부담을 준다. 특별히 옷차림에 신경을 써야 할 모임이 있다면 자신의 개성을 살리면서도 너무 화려하지 않는 깔끔한 복장을 택하라.

옷을 잘 입는다는 것은 비싸고 좋은 옷을 입는 것이 아니라 본인에게 잘 어울리는 스타일을 찾아낸다는 의미이다.

모임과 장소에 어울리는 옷차림은 예의이다.

거절하기

어떤 부탁이나 협조를 요청할 때 면전에서 한마디로 거절당하는 것만큼 민망하고 섭섭한 일은 없다.

부탁을 받는 쪽에서 해결이 가능하다면 기꺼이 수락하면 될 일이지만 받아들이기 어려운 경우도 있다. 정 무리한 부탁이라면 상대의 기분을 상하게 하지 않도록 조금의 시간 차이를 두고 거절하라. 시간 차이는 그 부탁에 대해 조금은 고민해 보았다는 뜻이다.

거절에도 예의가 있다. 거절을 잘 처리하지 못하면 사람을 잃는다.

감사의 표현

하루를 마감하기 전에 일상을 뒤돌아보라.

오늘 하루도 알게 모르게 나를 도와준 사람들의 따뜻한 마음에 감사함을 몇 번이나 표현하는가? 그들이 있음에 즐겁고 행복한 것임에도.

고단함과 피곤을 이유로 당장 눈앞의 일에 불평과 불만을 입에 달고 살아간다. 설사 고맙고 감사함을 알고 있어도 마음과 달리 표현을 하지 않는다. 감사의 말 한마디로도 충분하지만 때를 놓치거나 다음으로 기회를 미룬다. 상대방이 그 마음을 알 리가 없다.

감사에 대한 표현도 적절한 때가 있다. 제때에 하지 않으면 꺼져 가는 촛불처럼 빛을 잃는다.

감사의 말 한마디는 상대의 머리를 숙이게 만든다.

배려의 리더십

예능프로그램을 진행하는 MC 유재석의 리더십이 주목받고 있다. 그 이유는 바로 자신이 아닌 남을 배려한다는 점이다.

겸손한 태도로 출연자를 돋보이도록 배려하고, 존중해줌으로써 진행을 원활하게 해나가기 때문에 오히려 진행자 본인이 돋보이는 것이다. 이 점이 다른 진행자와 다르다.

구성원으로 이루어진 조직이나 부서에서 수평적 관계를 중시하는 배려의 리더십이 빛난다. 동료를 돋보이도록 하는 배려의 리더십은 상대의 마음을 움직이는 힘이다.

배려는 특별한 대우가 아니다. 상대에게 해줄 수 있는 최소한의 예의이다.

예의의 실패

일은 실패해도 다시 만회할 기회가 있다. 다시 준비하여 새롭게 도전하면 된다. 하지만 예의에 한 번이라도 실패하면 좀처럼 만회가 어렵다. 한 번 엎지른 물은 다시 주워 담지 못하듯 다시 관계개선을 시도해도 어지간해선 상대가 받아주지 않는다. 상호관계에 불신이라는 두텁고 높은 장벽이 가로막혀 한 발짝의 진전도 기대하기 어렵다.

일보다 예의가 우선순위로 작용하기도 한다. 예절은 지켜야 하는 게 아니라, 반드시 지켜야 하는 것이다. 예절에 실패하면 모든 것에 실패하는 것이다.

예의에 실패하면 그것으로 그치지 않는다. 시도 때도 없이 비난의 화살이 되돌아온다.

스마트시대의 네트워크

스마트시대의 인간관계란 네트워크를 어떻게 활용하느냐에 따라 형성된다. 스마트시대는 언제 어디서나 원하는 사람과 음성통화는 물론이고, 영상과 데이터를 주고받을 수 있다. 직접 얼굴을 마주하지 않는다 해도 메일과 문자 메시지를 이용하여 공손한 표현만으로 스마트시대의 인간관계가 유지된다.

공간의 제약이 없는 특징이 바로 스마트시대이다. 스마트시대에 적응하지 못하면 그만큼 시대에 뒤떨어져 살 수밖에 없다.

스마트시대의 특징은 무한한 인간관계이며, 그 결과를 좌우하는 것은 예절이다.

험담이라는 가시

상대의 장점보다 단점이 눈에 잘 띄게 마련이다. 완벽한 사람이 없듯 단점이 없는 사람 또한 없다.

남의 단점이 폭로되는 장소는 공개된 곳이 아니고, 어둡고 밀폐된 공간이다. 그런 장소에서 자라는 험담의 가시는 밖에까지 웃자라난다.

다른 사람의 단점을 험담하지 마라. 남의 단점을 들추어내거나 험담을 하면 할수록 자기 자신을 찌르는 가시가 거칠게 자라나게 한다.

험담의 뒷자리에는 자기 자신을 찌르는 가시가 거칠게 자라난다.

PART 4
직장 생존의 조건

창의와 혁신
변화
리스크
도전

창의와 혁신

문득 떠오르는 생각을 노트에 적어 아이디어의 텃밭을 가꾸어라.
수많은 아이디어를 끊임없이 내놓는 이들의 숨겨진 비결은 텃밭에 있다.
새로운 아이디어를 찾을 때 생각이 떠오르지 않는다면
그동안 가꾸어 온 텃밭을 활용하라. 그곳은 무궁무진한 자원의 창고이다.
아이디어의 텃밭은 평소 땀 흘려 가꾼 것만큼 거둔다.

훌륭한 멘토

조직에서 멘토(mentor)는 암흑바다의 등대이다. 목표와 방향을 정하고 헤쳐 나가는 방법에 대해 도움을 주는 존재이다.
조직의 구성원으로 첫발을 내딛는 초년생이 업무에 관한 경험과 지식, 그리고 조언을 구할 수 있는 사람이 바로 멘토이다. 멘토는 풍부한 현장 경험을 가진 능력자이면서 인생의 선배이다. 멘토는 자신이 가진 모든 업무지식과 경험을 아낌없이 꺼내어주는 데 인색하지 않다. 그리고 훌륭한 조언자이자, 동료이기도 하다.
무엇인가 배우기를 진심으로 갈망하는 사람만이 훌륭한 멘토(mentor)를 만날 수 있다.

백문불여일행(百聞不如一行)

'백문불여일견(百聞不如一見)'이란 백 번 듣는 것보다 한 번 보는 것이 낫다는 뜻으로, 직접 경험해야 확실히 알 수 있다는 말이다. 현장의 실행력은 무엇보다 중요하다. 여러 번 이야기를 듣는 것보다도 현장에서 직접 경험하면 좀 더 정확하게 판단할 수 있다.
생각을 바꿔 보자. 백문불여일견(百聞不如一見)은 이제부터라도 백문불여일행(百聞不如一行)으로 바꿔 보는 것은 어떨까?

일손의 부족

횟집에서 일하는 요리사는 왼손에 생선을 오른손에는 날카로운 칼을 잡고 일한다. 요리사의 일손이 부족하거나 아무리 바빠도 다른 사람과 함께 칼을 쥐고 일할 수는 없는 일이다.

경험도 없는 초보자와 함께 섬세한 칼질로 생선회를 능수능란하게 썰어낼 수 없다. 일의 능률이 오르기는커녕 오히려 손가락을 벨 수 있는 위험만 초래할 뿐이다.

부서마다 조직마다 다들 일손이 부족하다고 아우성이다. 우리가 일터에서 부족하다고 느끼는 것은 사람인가, 아니면 일손일까?

일손의 부족은 단순히 인원의 투입만으로 해결되지 않는다.

IT시대의 기록수단

문자는 인간이 만들어낸 가장 우수한 기록수단이다. 보고서나 문서를 작성할 때 글로 표현한다. 하지만 시각적인 것은 글로 표현하기가 애매하고 어려울 때가 있다. 이때 사진 한 장이면 해결된다. 주절주절 이야기하지 않아도 사진 한 장이 모든 것을 명확하게 말해준다.

오늘날은 굳이 카메라가 없어도 언제든 주머니 속의 휴대전화로 사진과 동영상 촬영이 가능한 IT시대이다. IT시대의 기록수단을 적절히 활용하라. 기록의 수단은 글뿐만 아니라 사진, 음성, 그림 그리고 동영상 등 다양하다.

보고의 생명은 시간이다. 종이로 출력된 보고서의 고집은 긴급한 상황에 대처할 수 있는 시간을 잃게 만든다.

나이와 창의력

창의적인 사고는 노인보다 젊은 사람이 더 유리할까? 결코 그렇지 않다. 창의적인 사고는 신체적인 젊음과 아무런 관계가 없다. 젊은 나이일지라도 사고가 유연하지 못하다면 창의력은 노인만 못하다.

반면에 나이가 많아도 사고가 유연하면 젊은이 못지않게 신선한 아이디어로 주변을 놀라게 한다. 다양한 경험으로 다져진 생각의 틀은 젊은이 못지않게 지혜롭다.

창의적인 사고란 나이와 관계없이 새로운 것을 추구하는 사물에 대한 관심과 호기심이 어느 정도인가의 차이일 뿐이다.

창의란 새로운 것을 받아들이고 만들어내는 개방적인 자세에 달려 있을 뿐 나이와 관련이 없다.

독창적인 아이디어

창의적이고 독창적인 아이디어로 만들어진 제품은 세상의 주목을 받는다. 세상 어디에도 없는 유일한 제품이기 때문이다. 세상의 트렌드를 선도하는 이러한 제품에 열광하는 마니아까지 따라붙는다.

창의와 독창적인 제품에는 수많은 모방품들이 뒤따르지만 소비자로부터 손가락질과 비난만 받는다.

남들과 똑같이 따라 한들 그것은 더 이상 창의적인 것이 아니다. 창의와 독창력은 말 그대로 새로움을 세상에 처음으로 내놓는 것이다.

창의란 다른 사람이 시도해보지 않은 새로움이며, 생각을 현실로 만들어내는 가능성이다.

새로운 것을 먼저 접하라

새로운 것을 찾으려면 시선을 밖으로 돌려라. 관심 있는 분야의 박람회와 전시관을 자주 가보라. 새로 개발된 신제품과 서비스는 사람들이 많이 몰리는 박람회와 전시관에 가장 먼저 전시된다. 관심만 가지고 있으면 만나볼 수 있다.

새로운 상품과 서비스의 체험에서 배우는 것도 적지 않지만, 그것을 보고 새롭고 창의적인 아이디어를 얻기도 한다. 새로운 감성과 아이디어가 자신은 물론이고 일터에 도움이 되는 자산이다. 새로운 것을 먼저 접한 사람과 그렇지 못한 사람과의 사고의 격차는 엄청나게 크다. 백문(百聞)이 불여일견(不如一見)이다.

새로운 것을 먼저 접하는 것이 견문을 넓히는 지혜이다.

창의적인 게으름

발명은 게으른 사람들이 만들어낸다는 우스갯소리가 있다.

어떠한 일이든 좀 더 쉽고 좀 더 편하게 할 수 있는 방법을 찾는 데서 창의적인 생각이 자란다. 때로는 게으른 사람이 되어 좀 더 쉽고 새로운 방법으로 일할 수 있는 방법을 찾자. 거꾸로 뒤집고, 90도, 180도로 방향만 바꾸어도 새롭게 보인다. 귀찮아서 하기 싫은 일 쉽게 해결하기, 여러 과정을 거치지 않고 한 번에 해결하기가 바로 발명의 시작이다.

일을 회피하는 게으름이 아니라 주어진 일을 효율적으로 처리할 수 있는 게으름의 방법, 그게 창의적인 첫걸음이다.

새로운 시도를 지지해주는 그 자체가 창의의 원동력이다.

상식을 뒤엎는 일

혹한의 계절에 꽃망울을 터트리는 꽃이 있을까?

설날 무렵이면 눈보라가 휘날리는 들판의 양지에서 노란 꽃이 두런두런 피어난다. 봄이 오기도 전에 설원에서 성급하게 꽃을 피우는 식물이 바로 복수초이다. 복수초는 봄이 머지않았음을 알린다. 봄이 오면 제일 먼저 꽃이 지는 것 또한 복수초이다.

세상에는 상식을 뒤엎는 일이 많다. 자신이 직접 보거나 경험해 보지 않았기에 절대 그런 일은 없다고 단정하는 것은 아주 위험한 고정관념이다.

세상에는 아는 것보다 모르는 게 더 많다. 상식 밖의 일이란 자신이 잘 몰랐던 일의 발견이다.

새로운 경쟁자

경쟁자가 없다는 것은 최고의 위치에 올랐다는 사실이지만 뒤집어 보면 더 이상 발전하지 못한다는 의미이기도 하다.

경쟁은 새로운 질서와 생태계를 만든다. 과거 존재감도 없던 인물이나 기업이 어느 날 강력한 경쟁자로의 부각은 위기가 아니라 더불어 동반 성장할 수 있는 기회이다.

새로운 생태계에서 과거의 방식은 더 이상 통용되지 않는다. 경쟁에서 이기기 위해 좀 더 새롭고 혁신적인 방법을 찾아야 한다. 경쟁의 승리자는 평소에 새롭고 창의적인 사고와 행동을 실천했던 사람들의 몫이다.

경쟁자는 두려운 존재이지만, 이제까지 생각하지 못했던 새로운 것에 도전하게 이끈다.

칸막이식 사고방식

편협한 생각을 가지고 있으면 여간해서는 다른 사람의 의견은 들으려조차 하지 않는다. 좀 더 나은 방식을 받아들이지 못하고 스스로 한계에 옭아맨다. 한 방향으로 치우친 편협된 생각이 칸막이식 사고에 갇히게 한다.

부서 이기주의와 규제가 소통을 가로막는다. 나무의 잎과 줄기, 뿌리를 따로 놀게 만들면 기형적으로 자라거나 말라 죽게 된다. 상호연관 작용을 막아 버리는 칸막이식 사고방식은 상대방은 물론이고 자기 자신도 고사하게 만드는 고질병이다.

칸막이식 사고방식은 상호 연관된 유기체의 작용을 가로막는 장애물이다.

아이디어 텃밭

언제든 손쉽게 채소를 얻을 수 있는 장소가 텃밭이다. 텃밭이 있으면 언제든 아쉬움 없이 채소를 조달할 수 있다.

문득 떠오르는 생각을 노트에 적어 아이디어의 텃밭을 가꾸어라.

수많은 아이디어를 끊임없이 내놓는 이들의 숨겨진 비결은 텃밭에 있다. 새로운 아이디어를 찾을 때 생각이 떠오르지 않는다면 그동안 가꾸어 온 텃밭을 활용하라. 그곳은 무궁무진한 자원의 창고이다. 아이디어의 텃밭은 평소 땀 흘려 가꾼 것만큼 거둔다.

아이디어가 넘치는 사람들은 그동안 시간을 들여 가꾸어온 아이디어의 텃밭인 노트를 가지고 있다.

자신의 스타일

자신의 업무 스타일, 코드를 강요하지 마라. 조직 내에서 개인의 스타일을 강조하거나 앞세우는 것처럼 전체 구성원에게 피해를 주는 것도 없다.

업무 스타일과 코드란 그저 개인적인 취향에 불과할 뿐이다. 스타일과 취향의 강요란 자신의 방식 외에는 인정하지 않는 것이다. '입맛에 맞추라'는 것은 자신의 스타일 외에 다른 방법을 시도하지 못하게 만든다. 이는 구성원들의 창의적인 사고를 가로막고, 획일화와 몰개성화를 가져올 뿐이다.

자신의 스타일 외에 다른 방법을 시도하지 못하게 하는 것은 구성원들의 창의를 가로막을 뿐이다.

물음표(?)와 느낌표(!)

고객은 늘 새로운 제품을 찾는다.

기존에 나왔던 비슷비슷한 제품이나 서비스에는 관심을 가지지 않는다. 고객은 새로운 무엇인가를 궁금해하고, 느낌이 있는 제품에 열광한다. 물음표(?)와 느낌표(!)를 가지고 있는 제품이야말로 가장 혁신적인 제품이다.

고객이 궁금하게 새로운 제품과 서비스를 만들어라. 제품과 서비스에 물음표(?)가 있다면 스스로 찾아오고, 제품에 느낌표(!)가 있다면 앞다투어 구매한다. 물음표(?)와 느낌표(!)가 있는 일을 만들고 추진하라.

물음표(?)와 느낌표(!)는 새롭고 더 넓은 세상이다.

블루코너(Blue corner)

북태평양 팔라우 공화국의 세계적인 다이빙 포인트 블루코너는 환상적인 바다 밑 풍경으로 유명하다. 그곳에는 어디에서도 볼 수 없는 산호와 수많은 물고기 떼가 무리 지어 노닌다.

희귀어류와 큰 물고기가 노니는 요인은 바로 청정한 바다와 풍부한 플랑크톤이 있기 때문이다. 플랑크톤을 먹고 사는 작은 물고기와 작은 물고기를 먹고 사는 큰 물고기의 먹이사슬이 풍요로운 바다를 만든다. 바다의 비옥한 토양인 자연어장, 이것이 바로 블루코너이다.

창의의 블루코너는 남과 다른 생각, 작은 아이디어가 존중받을 때 그 세계가 열린다. 내 일터에 창의의 바다, 블루코너 환경을 만들어라.

일터에서 남과 다른 생각, 작은 아이디어가 존중받을 때 창의의 바다가 펼쳐진다.

협력의 시너지효과

부서마다 일에 비해 인원수가 적다고 말한다. 하지만 일의 성과는 인원수의 많고 적음이 아니라 협력에 의해 좌우된다.

원활한 조직에 있어 인원수는 1+1=2가 아니다. 합이 3이 될 수도 있고, 그 이상이 될 수도 있다. 조직이 원활하지 않다면 인원수는 1+1=1이 될 수도 있고, 전혀 존재가치가 없는 마이너스가 되기도 한다. 이것이 바로 협력이 가져오는 시너지효과에 따른 인원수이다.

협력이 가져오는 시너지효과에 따른 인원수는 무한대이다.

"

변화

한번 물꼬가 트이면 걷잡을 수 없다.
주체할 수 없는 쏟아지는 물길에 가속도가 붙는다.
어떠한 일이든 물꼬가 트이기까지 첫 삽을 떼기가 어려울 뿐이다.

"

4D시대의 사고방식

단순한 그림에서 입체감을 느낄 수 있게 한 단계 더 발전한 기술이 3D(Three Dimensional)이다.

3D가 이미 우리 생활에 깊숙이 파고들면서 일상화되었다. 3D에 촉각과 냄새 등 질감의 효과가 덧붙이면 4D(Four Dimensional)의 시대이다. 이미 4D의 기술이 우리 생활 속에 서서히 적용되고 있다.

머지않아 4D의 전성시대를 눈앞에 두고 있음에도 2D시대를 연상케 하는 행동과 의식을 고집하는 것처럼 식상하게 만드는 것은 없다. 계절이 바뀌었음에도 겨울에 반바지 차림, 여름의 털옷차림은 보는 이로 하여금 안쓰러움만 남긴다.

새로운 시대가 요구하는 것은 새로운 시대에 걸맞은 변화이다.

살아가면서 가장 두려운 것은 시대에 뒤떨어진 행동과 생각이다.

당당한 모습

나이가 들수록 멋지고 연륜이 쌓인 어르신들은 주위의 존경을 받는다. 세월이 흐른 뒤 나 자신도 그런 모습이고 싶어 한다.

나이보다 젊은 사고를 가지고, 지혜로운 모습으로 나이 들기를 꿈꾼다.

하지만 생각처럼 쉬운 일은 아니다. 나이가 들수록 이제껏 자신이 추구해왔던 방식을 고수하고 변화를 두려워하게 된다. 익숙한 것이 좋고 편하기 때문에 사고의 유연함이 떨어진다.

당당한 모습은 유연한 사고와 합리적인 행동이다. 나이보다 젊게 살기 위해서는 지금부터라도 시대의 변화와 흐름을 유연하게 받아들여야 한다.

자신이 추구해왔던 방식을 버리고 시대의 변화와 흐름을 유연하게 받아들이는 태도처럼 당당한 모습은 없다.

변화의 대비

시대의 흐름은 세상을 변화시킨다. 디지털카메라의 등장으로 수십 년 동안 전성기를 구가하던 필름시대는 종말을 맞이했다. 그것은 단지 디지털시대의 변화 중 일부분에 불과하다.

절대 변화가 없을 것이라는 자만이 위기에 처하게 만든다. 현재 문제없이 잘 진행되고 있는 일이라도 계속 그대로 지속되리란 법은 없다. 변화의 대비는 앞으로의 향방에 대한 움직임과 관심에서 시작된다.

당혹스러운 변화

오늘이 어제와 같지 않음이 바로 변화이다. 뒤늦게 알게 된 변화는 낯섦과 당혹스러움으로 다가온다. 변화란 높낮이를 알 수 없는 롤러코스트이다. 매 순간 오르내리는 환율처럼 시시각각으로 바뀐다.

매일매일 변화가 진행되고 있음에도 자신에게 관련이 없거나 꼭 필요한 일이 아니면 관심을 가지지 않는다. 변화에 둔감하거나 무관심으로 밀쳐 버리면 시간이 흘러도 나 자신만 그 사실을 모를 뿐이다. 결국에는 롤러코스트의 움직임에 떠밀려 저 혼자서 상공에 떠 있다가 어떻게 내려올지 모르고 발버둥치는 것처럼 당혹스럽다.

구관이 명관

인사이동으로 상사가 바뀌면 얼마 지나지 않아 '구관이 명관' 이라는 말이 나돈다. 그 말에는 비아냥거림과 자조가 섞여 있다. 새로 부임해 온 상관이 어렵고 불편하다는 의미이다.

현재 같이 근무하는 상사 또한 시간이 흘러 인사이동이 이루어지면 또 다시 '구관이 명관' 이라는 말이 떠돌지도 모른다.

'구관이 명관' 이라는 말은 여전히 지난 과거에 갇혀, 현재 부서의 구성원 간의 호흡이 이루어지지 않는다는 사실의 반증이다. 그리고 그 말은 변화를 받아들이기 싫은 사람들의 투정에 불과하다.

지나간 과거에 얽매여 현재의 상황을 탓하는 것은 변화에 적응하지 못한다는 증거이다.

변화하는 상황

흐리고, 비가 내리고, 햇살이 가득한 날이 있듯 변화가 가장 많은 것 중의 하나가 날씨이다.

업무를 추진하는 과정에서 어떠한 상황이 벌어질지 미리 가늠하기란 쉬운 일이 아니다. 일처리에 있어 가장 효율적인 프로세스를 찾아내는 것 못지않게 중요한 게 수시로 변화하는 상황에 따라 어떻게 대처하느냐이다.

모든 일에 정해진 룰과 공식이란 것은 없다. 단순히 정해진 방식, 한 가지 매뉴얼만을 고집하는 것이 아니라 상황에 맞게끔 능동적으로 일하는 자세가 바로 대처능력이다.

변화하는 상황에 맞게 창의적으로 대응하는 것이 대처능력이다.

리스크

아무도 모르게, 보이지 않게 진행되는 것이 더 무섭다.
지금 당장은 영향이 미미하지만 조금씩 공포의 존재로 다가온다.
어느 순간 눈치를 채고 빠져나오려고 허우적거릴수록 더 깊이 빠져드는 수렁이 되
고 만다. 서서히 진행되면서 다가오는 것들의 역습에 대비하라.

고도의 전략

생명의 위협을 느끼거나 위기에 몰린 도마뱀은 꼬리를 자르고 도망친다.

잘려 나온 꼬리는 격렬한 움직임으로 추격자를 따돌린다. 이는 약육강식의 위기에서 벗어나는 고도의 전략이다. 신체의 일부를 잘라낸 도마뱀의 꼬리는 얼마 지나지 않아 곧 재생된다. 하지만 꼬리를 한 번 자른 도마뱀은 또다시 꼬리를 자르지 못한다. 도마뱀이 비장의 무기인 꼬리를 자르는 것은 일생에 딱 한 번, 생명의 위협을 느꼈을 때이다.

위기의 전략이 생과 사를 가른다. 위기가 닥쳤을 때 지혜롭게 사용할 수 있는 자신만의 전략을 마련하라.

고도의 전략은 실수를 용납하지 않은 치밀한 계획이다.

사각(死角)지대

운전할 때 시야를 가린 부분을 사각지대라 부른다.

골목길 모퉁이의 반사판은 사물에 가려 눈에 잘 보이지 않는 좌측과 우측의 사각을 비춰준다. 신호등이 없는 골목길 사거리의 추돌사고는 주로 시야를 가리는 사각(死角)이 원인이다. 사각에 주의해야 하는 이유는 바로 이 때문이다.

사각은 거리에만 있는 것이 아니다. 업무 분야에서도 시야를 넓게 가지지 않으면 늘 사각의 위험에 놓이게 된다. 어떠한 일이 발생할지 모르는 사각(死角)지대에 유의하는 것이 위험과 리스크(Risk)의 예방이다.

보이지 않는 사각(死角)이 바로 리스크이다.

수렁에 담근 발

업무에 관련하여 도덕적으로 정당하지 못한 일에 유혹을 느끼거나, 불법적인 일을 강요당할 때가 있다.

부정한 일에 첫발을 잘못 디디면 빠져나오기 힘들다. 마음이 흔들린다면 주저하지 말고 주변에 도움을 요청하거나 다른 사람과 함께 대응하라. 일하는 데 있어 공정과 정의를 저버리고, 윤리를 갉아먹는 일에 확고하게 대응하지 못하면 수렁에서 결코 벗어나지 못한다. 그 수렁은 움직이면 움직일수록 몸을 집어 삼키는 괴물과 같은 존재이다.

발버둥치면 칠수록 더 깊이 빠져드는 게 수렁이다.

위기대처

위기는 예고 없이 닥쳐온다.

뜻하지 않는 사고나 좋지 않은 일이 발생하면 남에게 알려지는 것을 싫어하고 두려워한다. 차근차근하게 해결하기보다는 없던 일로 무마하고 덮어두려 한다.

위기를 벗어나기란 쉬운 일이 아니다. 위기를 방치하거나 임시방편으로 그 순간만 벗어나면 또다시 불거지고 만다. 혼자 해결하기 어렵고 힘이 든다면 차라리 주변에 도움을 요청하라. 신속하게 대처하여 원만하게 처리할 수 있는 능력이 위기대처능력이다. 위기의 상황에서 잠시 벗어나는 임시방편이란 기회를 놓치는 판단의 착오이자 더 큰 위기를 불러올 뿐이다.

위기 순간의 임시방편은 해결이 아니라 오히려 확대시킨다.

준비의 필요성

매니큐어를 처음 바르기 시작한 이유는 손톱을 보호하기 위해서였다. 말발굽의 편자 또한 말의 발굽을 보호하기 위한 방편이었다.

전쟁터에서 최고의 이동수단이던 말의 발굽에 편자를 박기 전까지 말은 오래 달릴 수 없었다. 말발굽이 쉽게 상했기 때문에 과거 편자를 박는 일은 전쟁의 승패를 결정짓는 중요한 일이었다. 언제 닥칠지 모르는 위급한 상황에서 이러한 준비과정은 전투 병력과 전술보다 더 중요한 전략이었다.

언제 닥칠지 모를 위기에 대비하여 만전을 기하라. 위급한 상황일수록 모든 것을 결정하는 것은 준비여부이다.

가벼운 것들의 역습

자신도 모르게 서서히 진행되는 것이 있다. 급격히 진행되는 것은 곧바로 알지만, 서서히 진행되면 알더라도 무시하거나 가볍게 넘기게 된다.

아무도 모르게, 보이지 않게 진행되는 것이 더 무섭다. 지금 당장은 영향이 미미하지만 조금씩 공포의 존재로 다가온다. 어느 순간 눈치를 채고 빠져나오려고 허우적거릴수록 더 깊이 빠져드는 수렁이 되고 만다. 서서히 진행되면서 다가오는 것들의 역습에 대비하라.

방어전략

시험을 코앞에 둔 시점에서 새로운 것을 배우기보다는 지금까지 배웠던 것을 복습하는 것이 더 유리하다.

시장경제의 성장은 계속 이어지는 것이 아니라 대내외적인 상황과 맞물려 정체와 성장을 반복한다. 정체기에는 새로운 시장개척이 아니라 현재 가지고 있는 시장을 잘 지켜내는 것이 우선이다. 공격적으로 시장개척에 욕심을 내다가 현재 가지고 있는 것조차 모두 잃어버릴 수도 있다. 때로는 현재 자신이 가지고 있는 것을 온전하게 지켜내는 게 방어가 아닌 최선의 공격이다.

방어의 목적은 지켜내는 것이다. 무모한 공격은 지켜내기는커녕 몰락을 가져온다.

솔직한 대응

누구나 뜻하지 않게 위기상황에 빠질 때가 있다. 위기상황이라고 판단되면 초기대응에 집중하라. 먼저 사실대로 솔직하게 인정하라. 변명과 핑계를 늘어놓으면 상대는 집요하게 은폐 사실을 밝히려 한다. 감추는 데 급급하다가 결국 진실이 밝혀져 더 난처한 상황에 빠진다.

반면에 바로 잘못된 사실을 인정한 후 정직하다는 이미지 회복으로 오히려 전보다도 탄탄한 신뢰를 쌓기도 한다. 위기상황에서 초기에 솔직하고 적극적인 대응에 따라 결과가 달라진다. 그 차이는 극과 극이다.

초기에 솔직하게 대응하면 잠시 동안은 비난을 받아도 다른 의심은 하지 않는다.

쉬운 일

속담에 '땅 짚고 헤엄치기' 라는 말이 있다. '땅 짚고 헤엄치기' 는 사실 쉬운 게 아니라 굉장히 어려운 일이다. 수영을 못하는 사람들이 물에 들어가 땅 짚고 헤엄치다가 조금이라도 깊은 곳을 만나면 물에 빠져 죽기 딱 알맞다.

오늘날 과학적인 분석과 실험에 의하면 '땅 짚고 헤엄치기' 뿐만 아니라 '누워서 떡 먹기' 등의 속담은 굉장히 어렵고 위험천만한 일이다.

많은 사람들이 가장 쉽다고 생각한 일에 위험이 도사린다. 처음부터 어렵다고 생각하면 쉽게 접근하지 않고 신중하게 대처한다.

많은 사람들이 가장 쉽다고 생각한 일에 위험이 도사린다.

대비

성과와 직접적인 관련은 없지만 혹시 일어날지 모르는 일에 대비하여 오랜 시간과 노력을 기울이는 일들이 있다.

수많은 병력과 국방예산의 투입 또한 만일에 발생할지 모르는 전쟁 위기의 대비이다. 국가의 안위를 위해 위급한 상황에 대비하는 일만큼 중요한 일도 없다. 그러나 군사력의 활용도가 낮다고 결코 비난받지 않는다.

성과와 효율의 범주에 들진 않지만 시간과 노력을 기울이지 않으면 위험을 초래할지 모르는 일에 대비가 항상 필요하다. 내 주변 내 일터에서 닥쳐올지 모르는 위험한 상황에 어떻게 대비하고 있는가?

위험한 일에 대비하기 위한 투자는 성과와 관련이 없다고 비난받지 않는다.

돌발 상황

일은 계획적인 일과 비계획적인 일 두 가지이다.

일을 진행하다 보면 예상치 못한 돌발 상황이나 변수가 있기 마련이다. 일을 준비하는 자세란 만일 일어날지 모르는 가능성까지 대비하는 것이다.

예상치 못한 돌발 상황이나 변수 발생이 비계획적인 일이다. 이를 해결하고자 하는 의지로 적극 대처하는 자세를 가진 이가 바로 성공인자를 지닌 이들이다. 확실한 가능성을 높이기 위해서는 진정으로 원하는 것, 그 하나에 중점을 두고 실행하라. 그리고 이룰 때까지 나아가라. 다만 예상치 못했던 비계획적인 일의 발생을 염두에 둬라.

계획이란 돌발 상황까지 감안한 계획이다.

도전

도전 앞에서 실패라는 장벽은 결코 철옹성이 아니다.
도전하는 사람에게는 언제인가 무너질 수밖에 없는 장애물에 불과하다.

실패라는 장벽

실패는 누구나 겪는 일이다. 실패란 한 줌 쥔 모래알이 손 틈으로 다 새어 버리고 모래 몇 알갱이만 남은 심정이다.

실패는 고통스럽다. 하지만 실패를 인정하느냐 인정하지 않느냐에 따라 앞으로의 삶의 자세가 달라진다. 실패로 인한 마음의 상처를 오랫동안 방치하면 의욕상실이라는 병을 앓게 된다. 실패로부터 빨리 벗어나는 유일한 방법은 자기 자신을 이기는 것이다. 또다시 새롭게 도전할 수 있기 때문이다.

도전 앞에서 실패라는 장벽은 결코 철옹성이 아니다. 도전하는 사람에게는 언제인가 무너질 수밖에 없는 장애물에 불과하다.

성공한 사람들에게 실패란 잠깐의 장애물에 불과하다.

MOT(Moment de la verdad)

투우사가 소의 급소를 찌르는 순간을 MOT(Moment de la verdad)라고 한다. 이 순간은 실패를 허용할 수 없는 매우 결정적인 기회이다.

프로들은 이러한 기회를 놓치지 않는 기술을 가지고 있다. 자신에게 다가온 기회를 잘 포착하는 것이 전문가와 아마추어의 차이이다. 프로는 자신에게 찾아올 기회, 그 순간의 찰나를 알고 있다. MOT, 그것은 준비되어 있는 자만이 할 수 있다.

결정적인 기회는 준비되어 있는 자만이 잡을 수 있다.

꿈은 희망이다

나이가 들면서 어릴 적 꿈을 뒤돌아보며 아쉬워한다. 어떤 이들은 철모르던 시절의 헛된 꿈으로 치부하고 기억 저편에 묻어둔 채 살아간다.

초등학교, 중학교, 고등학교를 거치면서 꿈과 이상은 조금씩 바뀐다. 나이가 들수록 직장, 결혼, 노후설계 등 점점 현실에 부딪혀 꿈을 잃어가는 것이다.

사회생활을 시작하게 되면서 일상이 바쁘다는 탓으로 내 꿈이 무엇이었는지 잊고 사는 경우도 있다. 꿈은 이 세상을 살아가는 이유이자 희망이다.

꿈과 희망은 젊음이다. 꿈과 희망이 없는 삶은 시들어 가는 나무이다.

새로운 도전

도전은 아름답다. 목표를 세우고 그것을 달성했을 때의 성취감은 삶의 활력소가 된다.

물론 도전을 한다고 목표가 다 이루어지는 것은 아니다. 하지만 도전하는 삶과 그렇지 않은 삶은 분명 여러모로 차이가 나게 마련이다.

일상의 변화가 필요할 때, 현재의 삶을 되돌아보자. 거창한 것이 아니더라도 내일 또는 미래에 나의 삶을 윤택하게 해줄 목표를 다시 세우자. 목표가 바뀌었다고 해도 도전 자체가 변질되는 것은 아니다. 설계란 수없는 수정을 거쳐 완성도를 높여 가는 과정이다. 도전할 수 있는 목표가 있다는 것만으로도 뜨거운 삶의 열정이 기다린다.

목표를 가지고 도전하는 삶은 세상을 살아가는 의욕이다.

도전하는 자

에델바이스로 더 많이 알려진 솜다리의 꽃말은 '소중한 추억'이다.

솜다리는 사람의 손길이 닿지 않는 바위 벼랑에 터를 잡고 꽃을 피운다. 산세 험한 곳에서 우연히 솜다리를 목격했다는 자체만으로도 행운이자 '소중한 추억'으로 남는다. 생명을 걸고 벼랑에 올라 도전하는 사람들만 그 꽃을 손에 쥘 수 있다.

일터에서도 사회에서도 심혈을 기울여 일하는 사람, 그리고 모든 것을 걸고 도전하는 사람들에게만 '소중한 추억'이 남는다.

도전은 행동으로 옮겨야 결과를 만들어낸다.

소신

소신이란 외롭고 고독한 것이다.

모든 사람의 생각과 의견이 일치한다면 소신은 존재하지 않는다. 반대로 구성원의 생각과 의견이 같지 않기 때문에 나름대로의 판단에 의한 옳은 생각, 즉 소신이 존재하는 것이다.

소신은 주변 사람들의 존중을 받기보다는 비아냥거림을 받을 때가 더 많다. 그래서 소신은 어둠 속의 긴 터널을 빠져나올 때까지 외롭고 고통스러운 과정을 겪어내야 비로소 세상 사람들의 인정을 받는다.

소신이 있는 사람은 주변의 비난을 두려워하지 않는다.

기대와 호기심

여행을 떠나는 마음은 기대 반 두려움 반이다. 어떤 이들은 여행지에서 돌발적인 상황을 오히려 기대하기도 한다. 새로움에 대한 호기심이다. 사람들은 처음 만나는 거리의 이정표, 도시의 골목이 생소하고 낯설다 해도 손에 지도 한 장을 들고 기꺼이 새로운 세상을 만난다. 두려움이 기대로 바뀌는 것이다.

일도 마찬가지이다. 아무리 생소하고 경험해보지 못한 일이라도 모르는 것을 주변 사람들에게 묻고, 조금씩 배워가면서 전문가로 우뚝 서는 것이다. 잘 알지 못해도 어떠한 것도 해낼 수 있다는 마음자세가 새로운 세상으로 안내해주는 이정표이다.

새로운 일이란 호기심과 두려움이며, 새로운 세상이다.

비결

비결만 좇는 사람들은 시간을 투자하지 않고 빠른 시간 내에 일을 끝내려 한다. 성공한 사람들의 비결은 행동에 있다. 행동은 말로만 듣고 쉽게 이해할 수 있는 게 아니다. 그럼에도 성공한 사람들의 입에서 나오는 말 한 가지만 주목한다. 그들이 말한 대로 따라 하기만 해도 성공할 것처럼 생각한다. 진정한 비결은 성공한 이들의 입에서 나오는 말이 아니라, 그들의 새로운 생각, 진지한 태도, 그리고 부지런한 손을 닮는 것이다.

비결을 쫓아다니기보다는 그 시간에 그들의 진지한 태도와 부지런한 손을 닮는 편이 낫다.

답을 얻는 방법

궁금하다면 먼저 물어라. 모르는 것에 대해 질문이 없다면 답을 얻을 수 없다. 궁금해하는 것에 대해 묻는다는 것은 설사 답을 얻을 수 없다 할지라도 최소한 주변 사람들에게 내가 어떤 일에 대해 관심을 가지고 있는지 알릴 수 있는 기회가 된다.
"You don't ask, you don't get."

궁금해하고 관심만 가지고 있다면 언젠가 주변에서 해결의 실마리를 도움받을 수 있다.

무모한 도전

산에 오르면서 빠른 길을 원하는 이들은 길을 등진 채 수풀이 무성한 곳을 선택한다. 방향도 모른 채 가시덤불 숲을 헤치고 가본들 온몸에 상처만 남을 수도 있고, 막다른 벼랑길을 만나기도 한다. 아무런 준비 없이 숲길에 들어갔다 막다른 길을 만나 되돌아가야 하는 상황도 벌어진다.
단 한 번의 시도로 원하는 것을 이뤄내기란 쉬운 일이 아니다. 빠른 길은 그만큼 위험이 도사린다. 무모한 도전에 앞서 냉정하게 자신을 돌아보고, 자신의 능력이 부족하다면 주변에 도움을 청하라.

빠른 길은 위험이 도사리고 있다. 빨리 얻는 것만큼 다른 것을 잃을 각오가 없다면 무모한 짓이다.

실수에서 얻는 깨달음

일을 하다 보면 실수도 하기 마련이다. 한번 실수하면 연거푸 또 다른 실수가 반복된다.

새로운 일에 도전하다가 실수를 했을 때, 그 경험을 배움의 기회로 삼는 사람들이 있는가 하면 다시는 기억하고 싶지 않은 순간으로 여기는 사람들도 있다. 일을 진행하면서 아무런 실수가 없었다면 그저 요령만 배웠을 뿐이다. 아주 작은 실수만 있었다면 그것은 배움의 깊이가 작은 것이다. 수많은 실수를 저지르고 다양한 경험으로 배움을 깨달았다면 그런 실수를 다시는 반복하지 않는다. 새로운 것을 배우는 데 있어 실수는 필연적인 요건이다.

도전하는 사람들에게 실수란 작은 장애물에 불과하다.

다른 세계

여행은 다른 문화와 삶의 다양함 속에서 자신을 뒤돌아보게 된다. 낯선 장소에서 생경한 문화는 새로움으로 다가온다. 매일 생활하는 장소에서는 익숙함과 타성에 젖어 새로움을 만나기 어렵다.

일터에서도 별반 다르지 않다. 새로운 일에 도전하면 긴장과 호기심을 만날 수 있다. 지금까지와 전혀 다른 세계이다. 현재 주어진 일에 만족할지라도 발전이 없다면 자신을 후퇴시킬 뿐이다. 생활 속에서 적절한 긴장을 느낄 수 있는 관심거리를 만들어 새로움을 찾아라.

긴장하고 있다는 것은 준비하고 있다는 뜻이다.

승자의 저주

경쟁에서 이겼다고, 승자의 여유가 계속 보장되는 것은 아니다.

충분한 준비가 되어 있지 않으면 승리하기 전의 수준도 유지하기 힘들다. 승자에게 거듭되는 도전과 승자로서 책임을 다하지 못할 때 그만 스스로 무너지고 만다. 현실을 바로 보지 못하고 오로지 승자가 되기 위해 무리한 경쟁을 벌인 게 원인이다.

경쟁에서 이기고도 곧바로 쇠퇴의 길을 걷다가 사라져간 사례는 일일이 손으로 꼽기 힘들다. 명분상 이겼음에도 실제로는 진 것이나 다름없는 상황을 선택하지 말라.

실제로는 진 것이나 다름없는 허울뿐인 승자를 선택하지 마라.

실력발휘

중요한 일을 앞두고 잘하라는 말보다 평소처럼만 하라는 말을 자주 듣게 된다.

무대에 오르기 위해서 오랜 시간 연습으로 실력을 쌓아야 한다. 하지만 지금까지 닦아온 실력발휘를 제대로 해야만 인정을 받는다.

실력발휘의 가장 큰 적은 긴장감이다. 무대에 서기도 전에 긴장이나 압박을 이기지 못하면 스스로 무너지고 만다. 진정한 실력이란 마음의 평정을 잃지 않고, 평소처럼 있는 그대로를 보여 주는 것이다.

실력이란 있는 평소 그대로의 모습을 다 보여 주는 것이다.

전문가들의 도구

전문가들은 그들만의 도구를 가지고 있다.

가위와 칼은 이발사의 도구,

불가마와 망치는 대장장이의 도구,

칼은 요리사의 도구이다.

하지만 도구보다도 중요한 것은 도구를 다루는 기술이다. 그들에게 도구란 자신의 신체일부와 다름없다. 변화의 시대를 살아가고 있는 나에게는 어떠한 도구가 있는가?

전문가들에게 도구란 잠시 사용하는 용품이 아니라 신체의 일부분이다.

새로운 분야

치열한 경쟁이 계속 이어지는 무한경쟁시대이다.

특정한 분야에 수많은 사람들이 몰리면 몰릴수록 경쟁은 더욱더 치열해진다. 이에 반해 다른 사람들이 몰리지 않는 분야가 바로 경쟁력이 약한 블루오션(Blue Ocean)이다. 아무도 도전하지 않은 분야가 있다면, 도전한 그 순간부터 최고의 권위자이자 제일인자가 될 수 있다. 한발 늦으면 레드오션(Red Ocean)이 되고 만다. 머지않은 미래에 가능성이 있는 일이라면 지금 당장 도전하라.

무한경쟁시대의 모든 것은 시간 싸움이다.

균형

평균대는 1.2m의 높이에 폭 10cm, 길이 5m의 나무 공간이다. 평균대에 올라서면 몸의 균형을 잡기 어려워 자칫하면 바닥으로 떨어질 수도 있다.

사실 땅에서 한 발을 딛는 공간은 평균대의 폭 10cm 정도로 자신의 신발 크기에 불과하다. 그럼에도 1.2m 높이의 평균대에 오르면 몸의 균형을 유지하기가 쉽지 않다. 평소 발을 딛고 있는 바닥이 아니라는 불안함 때문이다.

새로운 일을 만나면 시작도 하기 전에 두렵고 불안한 마음부터 앞선다. 불안감을 떨쳐버리고 흔들리지 않는 마음자세가 바로 균형이다.

균형을 무너뜨리는 것은 불안감이다.

이재명

KT 홍보팀에서 언론 및 홍보와 '사랑의 봉사단' 업무를 담당하였다. 2011년에는 보건복지부
장관상을 수상했으며, 현재는 KT 서인천지사에서 근무 중이다.
저서로는 〈느긋하게 친해져도 괜찮아 산나물421〉(2009)이 있다.

facebook.com/esannamul
twitter : @sannamulcom
email : esannamul@gmail.com

직장생활 행복매뉴얼

생각
레가토

초판인쇄   2013년 7월 12일
초판발행   2013년 7월 12일

지은이 **이재명**
펴낸이 **채종준**
기 획 **조가연**
편 집 **박은주**
마케팅 **송대호 · 김보미**
편집디자인 **추정미**
표지디자인 **김혜림**

펴낸곳 **한국학술정보(주)**
주 소 **경기도 파주시 문발동 파주출판문화정보산업단지 513-5**
전 화 **031) 908-3181(대표)**
팩 스 **031) 908-3189**
홈페이지 http://ebook.kstudy.com
E-mail **출판사업부** publish@kstudy.com
등 록 **제일산-115호(2000.6.19)**

ISBN   978-89-268-4332-1 03040 (Paper Book)
        978-89-268-4333-8 05040 (e-Book)

이담
Books 는 한국학술정보(주)의 지식실용서 브랜드입니다.